合肥工业大学教材出版专项基金资助项目

大学生课外体育活动指南

主编　徐　艳

合肥工業大學出版社

编 委 会

序 编写的话

早在2002年，教育部颁发的《全国普通高等学校体育课程教学指导纲要》就明确指出："为实现体育课程目标，应使课堂教学与课外、校外的体育活动有机结合，学校与社会紧密联系。要把有目的、有计划、有组织的课外体育锻炼、校外（社会、野外）活动、运动训练等纳入体育课程，形成课内外、校内外有机联系的课程结构。"2016年国务院办公厅印发《关于强化学校体育促进学生身心健康全面发展的意见》，再次明确把课外体育活动纳入体育与健康课程。2018年9月，习近平总书记在全国教育大会上明确指出了"享受乐趣、增强体质、健全人格、锤炼意志"四位一体的学校体育目标，这是对学校体育最高水平的概括、最深刻的阐释；2020年10月，中共中央办公厅、国务院办公厅印发《关于全面加强和改进新时代学校体育工作的意见》，指出要不断深化教学改革，推动学生积极参与课余训练、体育竞赛；2021年7月，教育部办公厅印发《〈体育与健康〉教学改革指导纲要（试行）》的通知，更是把"教会、勤练、常赛"写入纲要中。这些重要精神，为高校体育在教学管理、教学组织形式、课程内容选择、课外体育质量评价等诸多方面指明了方向。

高校体育课内外一体化教学模式改革是大势所趋，也是必由之路。从表现上看，对教学管理、教学组织形式、课程内容选择、课外体育质量评价等方面进行创新，融合课外体育的相关考核评价指标，优化课堂教学，擘画课外体育实践，推进课内课外并重的闭环式管理，形成“以课上带课下，以课下促课上”的课程结构体系，实现课内教学与课外体育的有机融合，是高校体育课内外一体化教学模式的主要特点。

《大学生课外体育活动指南》一书即将面世了。本书除了遵从核心要求“科学性、先进性、适用性”之外，还遵从人才培养是高校的根本任务、提高人才培养质量是新时代高等教育发展的永恒主题这一精神。本书立足高校体育课内外一体化教学模式改革，围绕学校“立德树人、能力导向、创新创业”三位一体教育教学集成体系，在阐述体育理论知识的基础上，以训练或锻炼方法为重点，如运动训练与指导、身体素质训练与指导、体质健康测试、课外体育运动处方的制定以及课外体育活动设计等。在内容安排上，本书注重内容整体的逻辑性和内在联系性。在语言上，本书力求深入浅出，通俗易懂，力图能向学生充分展示课外体育活动练习的宝贵经验和方法，进而能够满足不同兴趣爱好和不同运动水平的学生的需求。希望学生在阅读中充分了解课外体育锻炼的重要性，更好地掌握体育基本理论与科学训练方法，提升运动能力，也期待高校课外体育蓬勃发展。

《大学生课外体育活动指南》在成书的过程中，得到了合肥工业大学校长、博士生导师梁樑教授的关心和指导，在此深表感谢！

在本书编写过程中，项目编委会成员阅读了大量资料，几易其稿，多次参加了相关研讨活动，力求使本书更加贴近大学生课外体育锻炼的实际需要。作为课外体育活动的教材，本书中的错误希望同仁和读者斧正，我们将在今后的教学实践中不断修订、更新和完善。

编写组

2022年3月

目录

第一章 课外体育活动概述

课外体育活动是学校教育体系的组成部分，是实现学校体育目标和任务的重要途径之一，同样肩负着促进学生身心全面发展的任务。在积极推进大学体育课内外一体化改革进程中，课外体育活动对增强大学生体质、增进健康、健全人格、养成终身体育意识等方面都发挥着重要作用。

课外体育活动是相对于体育课而言的。它是指学生利用课余时间参与的，以锻炼身体、愉悦身心为目标的体育活动。课外体育活动作为体育课的补充、学校体育的组成部分和教育的手段，已有近百年的历史，在世界上已成为一种教育制度，且在内容和形式上都有新的发展。课外体育活动是学校体育工作的重要组成部分，是实现学校体育目标和任务的重要途径之一。

课外体育活动是一个相对且不断发展的概念。随着社会、科学技术、经济、教育等的发展，课外体育活动的内容、形式、方法、手段、场地环境等也更为丰富，不同形式、内容的课外体育活动功用各异，由于体育活动的特异性，不同的组织形式、开展目的，甚至不同的活动地点、环境，其活动效果也差异较大。例如，1991 年《学校体育学》将课外体育活动定义为：课外体育活动是学生在学校内外参加的体育课以外的有组织的体育活动。2004 年周登嵩将课外体育活动界定为：课外体育活动是指学生在课余时间里，运用各种身体练习方法，以增进健康、提高运动技术水平和丰富业余文化生活为目的而开展多种形式的体育教育活动。它主要包括早操、课间操、班级体育活动、课余训练、课余竞赛以及校外体育、家庭体育等多种组织形式和内容。

大学体育是学校体育的最后一站，是人生教育中的重要组成部分，也是大学生由学校体育受教育者的角色向终身体育参与者角色转变的关键时期。课外体育活动是不可忽视的“体育课堂”，拓展并延伸了体育课，大学体育课程教育及其课外体育活动是终身体育意识养成的重要基石，直接影响大学生终身体育思想的建立和终身体育习惯的养成。大学生体质健康问题、终身体育思想和体育习惯养成问题一直备受重视。例如，2012 年国务院办公厅印发《关于进一步加强学校体育工作的若干意见》、2016 年国务院办公厅印发《关于强化学校体育促进学生身心健康全面发展的意见》和 2020 年中共中央办公厅、国务院办公厅印发《关于全面加强和改进新时代学校体育工作的意见》以及 2021 年教育部办公厅印发《〈体育与健康〉教学改革指导纲要（试行)》。这些文件的印发，意味着在新形势下，从国家层面对大学体育教学和课外体育活动进行了规划与设计。

第一节 体育课内外一体化背景

一、体育课内外一体化教学改革的时代背景及内涵

自 20 世纪 90 年代初体育教学俱乐部模式进入我国后，体育课的发展取得可喜的成绩。2002 年教育部印发《全国普通高等学校体育课程教学指导纲要》，指出：为实现体育课程目标，应使课堂教学与课外、校外的体育活动有机结合，学校与社会紧密联系。要把有效的课外体育锻炼和有组织、有目标的运动训练纳入体育教学的范畴。这标志着新一轮的普通高校体育课程改革开始启动，为普通高校体育课程改革指引了明确的方向。2006 年教育部、国家体育总局、共青团中央印发《关于开展全国亿万学生阳光体育运动的决定》，明确指出：开展阳光体育运动要与课外体育活动相结合，将课外体育活动纳入教育计划，形成制度。学校体育课内外一体化应运而生。

随着我国课程改革的不断深化，高校对学生综合素质的提升越来越重视，但受到种种因素的影响，当代大学生群体的身心发育水平、性格、兴趣和爱好存在着较大的差异，据 2015 年国民体质监测报告：7 岁到 19 岁的学生体质状态，下滑最严重的是大学生群体。2017 年《中国学生体质监测发展历程》统计显示：我国大学生体质状况呈持续下降趋势，肥胖率逐年上升，每 5 年提高 2%～3%。在整个教育事业中，学校体育仍是相对薄弱的环节，对学校体育重要性认识不足、课外活动时间不能保证等问题依然突出，学生体质健康水平仍是学生素质的明显短板。综合学者们对高校体育工作实施情况的调查研究，我们可得出以下结论：学校体育对高校发展的影响和人才培养的贡献度不高，学校体育工作存在多头管理、组织效率低、管理效果差等问题；学生课外体育活动、训练、竞赛与体育课堂教学环节脱节现象普遍存在；体育课堂教学内容不丰富、形式单一，学生爱体育而不爱体育课的问题一直存在；大学体育实施效果不理想，增强大学生体质健康的重要功能未能实现，

大学体育价值功能不能完全发挥，呈现持续弱化的趋势；高校规模扩大与体育设施、体育项目开展条件滞后的矛盾凸显，高校体育改革任重道远。

2016 年《“健康中国 2030”规划纲要》强调：健康中国成为全面建设小康社会的重要组成部分，青少年的健康发展在一定程度上是“健康中国”的目标所在。身体健康和心理健康是大学生健康发展的重点，公共体育课和课外体育锻炼是提高大学生身心健康水平的主要途径和手段。国家对国民身体素质的重视程度日渐提升，特别是对青少年身体素质提出了更高的要求。在“健康中国 2030”和“两个一百年”战略目标背景下，高校体育不仅要担负着立德树人的根本任务，还要肩负起强健全民体质的使命。2018 年 9 月，习近平总书记在全国教育大会上强调：“要树立健康第一的教育理念，开齐开足体育课，帮助学生在体育锻炼中享受乐趣、增强体质、健全人格、锤炼意志。”2020 年 10 月，中共中央办公厅、国务院办公厅印发《关于全面加强和改进新时代学校体育工作的意见》，其中全国普通高校在学校体育工作改革方面的相关内容引起了强烈反响，大学体育改革纷纷被提上日程。2021 年 7 月，教育部办公厅印发《〈体育与健康〉教学改革指导纲要（试行）》的通知，更是把“教会、勤练、常赛”写入纲要中。因此，重新构建高校公共体育新格局，更新大学体育价值定位、改革传统体育管理与教学模式，引导学生们爱上体育课，提升学生健康素质，迫在眉睫。实践证明，通过实施课内外一体化教学，打破课内体育与课外体育的时空限制，加强二者的衔接，使课外体育运动成为课内体育教学的延伸与补充，这样能有效激发学生参与的兴趣，让学生积极参与课内外的体育实践当中。

国家相继出台有关学校体育的各级各类政策文件，必将进一步加快普通高校体育改革的步伐。按照政策文件的精神，高校体育课程不能只停留在课堂教学的层面上，而是要将学生的课外体育活动和运动训练有计划、有目标、有效果地纳入公共体育教学当中来，让学生的课外体育活动真正成为高校体育课程的一部分。在社会体育比较发达国家的大学体育中，其工作重心不是体育课堂教学，而是课外体育锻炼和体育竞赛。在健康第一、终身体育的理念下，以体育选项课和选修课等课堂体育教学为主体，以课余体育活动、训练和竞赛等为补充和延伸，构建“课内外一体化”的高校体育教学模式，能很好地解决体育课和课外体育锻炼不能有机结合的问题，让学生的课外体育锻炼和训练成为体育课堂的延伸与拓展，大力促进青年学生身体素质的提升。

体育课内外一体化是国家政策所需、新时期大学体育课程改革所需。其内涵可以理解为：在健康第一、终身体育的理念下，以体育选修课为出发点，结合课余体育活动、训练和竞赛项目等课外体育形式，打破体育课程内外的时空限制，使课内与课外形成有效衔接，实现联动，以实现体育运动技能提升，促进身心和谐发展，养成良好的锻炼习惯，提高体育教学质量的一种体育教育（管理）过程。

二、课内外一体化体育课程教学改革的实际意义

1．拓宽思路，培养学生的体育意识

课内外一体化的教学模式，让大学生在运动形式和运动项目方面有了更多的选择，不像在课堂上被拘束在一个项目的运动和学习当中。在一定的时间内，大学生可以两种或几种体育项目进行轮换，逐渐培养兴趣，找到自己喜欢和适宜的运动项目进行锻炼，逐步形成参加体育锻炼的意识和习惯。

2．掌握运动技能，提高身体素质

课外活动作为体育课程教学的延伸和有效的补充，在课内的体育教学中学生能够真正掌握体育锻炼的基本知识和技能，在课外的体育教学中能够给学生充足的空间，最大程度地发挥学生的潜能。同时在课外体育锻炼当中，充分发挥学生的积极性，化被动为主动，充分发挥社团和协会的作用，对学生加以约束和管理，以学生为中心，发挥学生在课外体育锻炼中的主体地位，充分利用课外的体育教学给学生充足的身心体验。各类的运动竞赛作为学生业余体育活动的重要组成部分，对提高学生的技术水平和身体能力起到重要作用。

3．营造体育氛围，建设校园体育文化

体育文化是一个学校对外交流的重要窗口和门面，尤其是在体育竞赛方面。课内外一体化的体育课程教学在学生的锻炼氛围和运动竞赛过程中起到了很好的促进作用，从基础的技术训练到高层次的体育竞赛以及持续开展的各种形式的课外体育活动，丰富了校园体育文化。

4．促进学校体育工作管理手段的提升

随着科学技术的不断进步，现代体育教学需要先进的教育教学理念和现代科技手段，以提高教学水平。课内外一体化改革和实施，也同样需要利用现代科技对学生课外活动实施监管。大学生在课外活动中，不管是参与社团活动、自发锻炼还是组织比赛等，参与和锻炼的效果都会有记录和评定；老师的指导、各年级的不同要求以及场馆预约等也会在管理平台上进行显示。课内外一体化改革在提高学生锻炼兴趣的同时，也需要运用现代科技手段进行监督和管理，从而提升学校体育工作的管理水平。

第二节　课外体育活动文化建设

现代教育与现代体育这两大人类文化体系的交汇处，存在一种独特的文化现象——校园体育文化。校园体育文化是校园文化的重要组成部分，可以理解为：以校园为空间，以学生、教师为主体，以身体练习为手段，以各种形式的体育锻炼项目为内容，具有独特表现形式的一种群体文化，集合了体育事件过程中众多师生的体育精神、制度和物质的财富。从广义上看，校园体育文化，是学校师生的体育教学、健身、竞赛等方面逐渐形成的物质财富和精神财富。从狭义上看，校园体育文化只是专指学校师生的体育意识、体育观念、体育形态。其核心就是体育物质、体育制度、体育精神等方面的内容。校园体育文化对学校文化建设方面的作用显著，不仅有利于提高学生的身体素质，还有助于学生体育素养和意识的形成，具有强大的活跃性以及持续时间长、参与人数多、覆盖面广等特点，其中表现出的公平竞赛、团结合作、坚持不懈的体育精神对学生的身心发展影响巨大，承载着育人、激励和社会辐射的功能。大学生课外体育活动对构建校园体育文化具有重要作用，承担校园体育文化传承和建设的双重任务。

一、课外体育活动是传承校园体育文化的载体

课外体育活动从诞生之日起就受到广大学生的关注和欢迎，因其组织形式灵活多样和活动内容丰富多彩吸引了他们在课余时间参与的主动性，激发了他们对体育课程学习的兴趣和体育锻炼的自觉性。如果说体育课是“强制性体育”的话，那么课外体育则是一种实现学生个性特征的体育。两者结合，普及与提高，相辅相成，而在这种体育文化氛围中学生感受到运动的乐趣与享受，收益的不仅是体质的增强，而且通过运动的形式培养了学生对体育运动的兴趣、爱好与习惯，在参与和体验中实现了个性特征的升华。

每个学校都有自己的校园体育文化，虽然其表现形式多样且丰富多彩，

但课外体育活动是不断传承和丰富发展校园体育文化的主要载体。课外体育活动有一种无形的凝聚力，把众多兴趣相同、情趣相近的参与者联系在一起，开展各种竞赛、健身、消遣娱乐等有益于身心健康的活动，有利于学生相互交往，能增进学生之间的友谊。个体的课外体育活动也同样如此，兼具传承和丰富校园体育文化的任务。

二、课外体育活动丰富和发展了校园体育文化

校园体育文化建设对大学生的课外体育活动有良好的导向作用，丰富多彩的校园体育文化使学生参加体育活动的兴趣和积极性进一步提升，将使更多的学生把更多的课余时间投入课外体育活动中。同样，形式多样、内容丰富、不断创新的课外体育活动也丰富和发展了校园体育文化。课余时间，大家都走出宿舍和教室，参与课外体育活动之中。一所学校重视学生课外体育活动，也就是重视校园体育文化建设。

1．课外体育活动有助于彰显校园体育文化的丰富性，增强校园体育文化的凝聚力和吸引力

青年学生富有朝气和活力，他们不仅需要课堂学习，而且需要娱乐，需要友谊，需要发展自己的兴趣爱好，需要情感的宣泄，课外体育活动恰好是满足他们这些需要的最有效的方法之一。因此，学校应当积极开展课外体育活动，丰富校园体育文化建设，创造出校园体育文化的多样性，营造浓郁的校园体育文化氛围，为满足广大学生的需要提供广阔的空间和适宜的环境。同时，积极开展课外体育活动，给校园文化注入勃勃生机，形成良性循环，校园体育文化也因此产生强大的凝聚力和吸引力，将使更多的学生参与课外体育活动中。

2．课外体育活动有助于冲破校园体育文化的封闭性

封闭式的校园体育文化培养不出具有现代思想和能力的现代人，只能造就出一批“两耳不闻窗外事，一心只读圣贤书”的“书呆子”，这些人无法适应21世纪的需要。而课外体育活动正是冲破校园体育文化封闭性的重要途径之一：首先，可以通过学校之间、学校与社会之间以体育为内容的交流，增进学生对社会的了解，开阔眼界；其次，可以使学生在体育运动中培养社

会交往能力和适应社会的能力；再次，学生通过参加课外体育活动，往往可以脱颖而出，显示其运动天赋。

3．课外体育活动有助于弘扬校园体育文化的创新精神

课外体育活动为学生的运动才能发挥和创新提供了有利条件，使学生有机会发展其运动特长和爱好。“鼓励创新”是体育运动的文化特征，这种特征也是校园体育文化建设过程中必不可少的灵魂。缺少体育精神的校园体育文化是跛足的、不健全的。课外体育活动依托校园体育文化建设不断发展与创新，日益成为大学生必不可少的精神食粮，校园体育文化也在课外体育活动的发展与创新中得到发扬光大。

三、影响课外体育活动文化建设的因素

影响课外体育活动文化建设的因素是多方面的。一是学生对体育的认识、情感等还存在一定的片面性，参加体育锻炼的功利性比较重，加之惰性思想以及负面文化的影响，成为制约课外体育活动发展的主观因素。二是校园体育场馆、器材设施相对不足，对课外体育活动的投入不足，活动场所和运行、激励经费缺乏等是影响课外体育活动文化建设的物质因素。三是校园体育制度文化表现出学校对体育考试、课外体育活动没有严格执行国家相关政策和要求，校本体育文化制度不健全或不能完全执行，缺乏持久的体育文化宣传等。四是校园体育消费文化呈现出“两低”现象，调查显示学生将闲暇时间用在体育活动上的比例和学生将金钱用在体育消费上的比例最低。

首先，培养学生体育意识，树立正确的运动理念，以锻炼身体、拥有健康体魄为目标。大学生对课外体育锻炼的价值和意义还是认可的，但是具体的实践方面不够，只是知道对自身的发展有好处，但不付诸行动，没有在“想”和“做”之间找到差距，而这个差距就是对锻炼和健康的重视程度。

其次，加强体育制度文化建设，营造浓厚的校园体育氛围。学校应严格执行国家相关政策，重视体育工作；管理层采取多种措施，丰富课外体育活动的形式，并对院系、社团等学生体育组织积极支持和扶植，加强宣传，扩大影响。

最后，加强体育设施硬件、软件建设，增加课外体育活动的资金投入。

四、课外体育活动文化建设需要创新

创新是时代发展的潮流和趋势，课外体育文化建设同样需要有创新思想和行为，“大学体育课内外一体化”“大学生体育第二课堂成绩单”等都是促进课外体育活动文化建设新途径，实现了大学生课外体育活动从被动执行到主动参与的转变，课外体育活动文化发展自然欣欣向荣。

具体到不同的学校，课外体育活动文化创新具有不同的标准和要求。其一，创新实践要与建设“一校一品”校园体育文化相适应。大学生课外体育活动的创新不贪图多，面面俱到，注重品牌建设。学校要根据自己的特点，在发挥传统体育优势的基础上，结合自己的师资、地域、文化等特点，整合利用自然人文资源等各种因素，形成本校的“一校一品”特色。其二，创新实践要充分体现“一校一优”特点。形成大学生课外体育活动“一校一优”特色，才能更好地吸引学生参加锻炼，才能培养学生受益终身的素质。“一校一优”特色，要从实际出发，既要发挥传统项目的优势，又要深度利用学校的资源，结合本校情况进行选取。其三，创新实践要立足于课外体育活动“全面发展”的原则。大学生课外体育活动要基于校园体育物质文化、制度文化和精神文化三项内容。要符合高等教育全面发展的人才观，以素质教育为前提，在体育观念、体育风尚、体育理想、体育道德等方面进一步加强引导和教育，通过主题讲座、校园网、广播站、校报、体育标语等媒体搞好宣传和教育，使体育精神深入同学们的观念中。学校要制定必要的课外活动制度和考核办法，充分发挥学生联合会、社团和单项体育协会的作用，并给予一定的经费或体育器材的资助。学校领导要加强体育校园文化建设的组织管理，定期举办校园体育文化节，积极开展多元的体育文化。其四，创新实践要脚踏实地。大学生课外体育活动的创新需要改变观念、立足学校情况、借鉴国内外大学的成功经验。

第三节　课外体育活动的特点和意义

课外体育活动是不可忽视的“体育课堂”，拓展并延伸了体育课，帮助学生身心协调发展，同时增强学生身体素质，有效培养和提高学生终身体育的意识，进一步保证大学生身体健康。而大学生的身体健康问题也是体育课程改革的重要目标。课外体育活动是“第二体育课堂”，是学校体育课的重要阵地，其灵活性和自由度赋予了它“弹性”，学生能够充分利用这个平台，因材施教、自我教育、自我成长。从实际需求出发，选择自己需要的运动项目进行针对性锻炼，以实现个人目标。这种自主的学习，恰好是对体育课堂学习的弥补和强化。另外，课外体育活动随之产生的各种实践机会，能有效提升自身意志品质，检验体育道德作风。

一、大学课外体育活动的特点

1．全体性

学校课外体育活动，首先面向全体学生开展，要求全体学生参加。可以自主选择形式，方法可以灵活多变，而不能以个别代替全面。比如，代表队的训练，虽属于课外体育活动之列，但它并不能代表和顶替学校的课外体育活动。其次，当前课外体育活动，已不只是体育教师的工作和任务，而是整个学校、教育甚至社会的重要工作和任务。

2．规定参与和自愿参与相结合

课外体育活动中，有些内容要求学生必须参加，比如大一的早操、院系组织的集体锻炼以及课内外一体化要求的健身活动等；有些则是由学生自己决定参加与否，比如课余时间的活动。在组织课外体育活动时，既要有一些规定性的要求，又要给学生自由参与留有余地；既不能过于限制，又不能完全放任自流。

3．活动内容的多样化

课外体育活动的内容没有硬性规定，从学生自发地选择项目，到正式运动项目及其比赛，凡是能用于身心锻炼与娱乐的体育手段，都可以作为课外体育活动的内容。

4．组织形式的灵活性

课外体育活动的组织形式没有严格规定，可以是全校的、院系的，也可以是班级的、个人的；可以是正式组织的，也可以是非正式组织的。

5．空间领域的广泛性

课外体育活动中，学生活动的空间范围更加广阔，既可以在校园内，又可以在校园外；既可以在室外，又可以在室内；既可以在公共体育场所，又可以在大自然中。这种空间领域的广阔性，为大学生提供了多样的教育环境和丰富的教育资源。

6．自主选择性

课外体育活动内容的多样性、组织形式的灵活性和空间领域的广阔性，为学生的自主选择提供了必要的条件。大学生可以在自己喜欢的环境中，采用自我喜欢的方式从事体育活动，从而感受自我的存在、发展和价值，选择具有目的性和娱乐性特征。

二、大学生课外体育活动的意义

1．培养大学生良好的体育锻炼习惯

和中小学体育教育相比，高校体育教育在本质上是一种养成教育。养成教育的基础是引导学生对体育活动产生兴趣，在个人体育兴趣爱好的基础上注重自己的体育专项练习，并在群众性体育活动中强化自己的体育技能，通过课外体育活动的开展培养自我学习、自我练习、自我评价的能力，提高学生的体育意识，养成良好的体育运动习惯。

2．帮助大学生养成健康的生活方式

课外体育活动是课外文化娱乐活动的重要组成部分，对学生的生活方式有着十分重要的影响。有效的课外体育活动能够愉悦学生身心、陶冶学生情操、丰富学生精神生活，同时，还能够引导学生时刻保持良好的精神状态，在学习和生活中时刻保持活力。丰富多彩的课外体育活动还能够帮助学生养成文明的行为举止，对规范学生的价值观、学会文明礼貌待人起到了十分重要的作用。

3．满足大学生的身心发展需要

运动是人体生命活动所必需，是人生命的基本存在方式。青少年处于人生成长的重要时期，在这个时期，他们的人生观、世界观、价值观正在形成。课外体育活动的开展能够满足学生身心成长的需要，对塑造正确的人生观、世界观、价值观起到了十分重要的作用。

4．弘扬人类文明

高校课外体育活动对弘扬人类文明，特别是体育文明起到了十分重要的作用。大学生通过参与课外体育活动，在无形中实现了对我国体育文化的学习和继承，并在活动中赋予体育文化新的历史价值。

三、课外体育活动的主要任务

课外体育活动为大学生适应社会打下良好的基础。课外体育活动的主要任务如下：培养学生积极的运动爱好；培养学生较强的运动能力；培养学生良好的运动习惯；培养学生较强的集体意识及协作能力；培养学生较强的竞争意识及能力；培养学生的社会性、角色意识以及较强的社会交往能力。

第四节　课外体育活动的原则

课外体育活动的原则是课外体育活动基本规律的反映，也是参加者安排锻炼活动计划、选择活动内容、运用锻炼方法所要遵循的原则。为了达到课外体育活动的目的、提高身体锻炼效果，课外体育活动需要遵守固有的原则，对巩固和提高体育课所传授的体育知识和技能、提高学生的运动能力和对体育知识的运用能力、提高学生学习和生活的质量、培养学生自觉锻炼身体的意识等都有着重要的意义。

一、自觉性原则

毛泽东曾经指出："欲图体育之效，非动其主观，促其对体育之自觉不可。"课外体育活动是一个克服自身惰性、战胜各种困难的自我锻炼、自我完善的过程，也是自我养成良好习惯的过程，学生只有积极地参加体育锻炼，才能得到应有的锻炼效果。

兴趣是最好的老师，当学生对某项体育活动产生兴趣时就会对这项体育活动表现出极大的主动性和自觉性。但是在我国目前的条件下，课外体育活动还不可能完全根据学生的意愿与兴趣安排活动内容，往往要由学校统一安排时间、项目进行锻炼。因此，学校在安排体育活动的内容时，除了要创造条件尽可能结合学生的兴趣爱好，做到因人而异外，还要加强宣传教育工作，不断提高学生对体育活动重要意义的认识，调动学生参加课外体育活动的自觉性。

二、长期性原则

体育锻炼是以身体练习的方式对人体给予刺激的过程，每次刺激都产生一定的作用痕迹。连续不断的刺激作用，则会产生痕迹积累。这种积累使动作技能形成的条件反射不断得到强化，身体的结构和机能产生新的适应，体质不断增强。如果体育锻炼时断时续或长时间停止锻炼，已形成的动作技能就会消退，身体各种机能、素质就会慢慢减弱。因此，强健的体魄和较高的运动水平，并非一朝一夕所能练就的。只有经常坚持体育锻炼，保持锻炼时间、次数、强度的衔接性和连续性，才能收到良好的锻炼效果。

经常参加课外体育活动应注意以下几点：其一，参加体育锻炼应注重坚持，活动内容和项目可以更换，但运动不能停止；其二，每周应进行 3 次以上的锻炼，时间间隔过长，就不能保持锻炼效果的延续；其三，如果一次不能抽出充足的活动时间，那么可以利用零散的时间进行活动。一天进行数次短时间的体育活动同样会取得一定的锻炼效果。

三、全面锻炼的原则

人体是一个整体，各器官是相互影响、相互制约的。任何局部机能的提升，必然促进身体其他部位机能的改善，当某一运动素质得到发展时，其他运动素质也会不同程度地有所发展。但是体育锻炼的内容和方法单一化会给体育锻炼带来很大的局限性，身体不能获得良好的整体效应。例如，长期只从事力量练习，心肺系统功能就不会得到强化；长期只从事长跑锻炼，耐力素质会有较大提升，而速度、力量素质不会有较大提高；长期只从事身体一侧肢体的活动，另一侧肢体就不会得到发展，导致整个身体不能匀称发展。因此，课外体育活动在选择锻炼内容、方法时要尽可能考虑全面发展身体的各个部位。要努力掌握多种运动技能，贯彻全面锻炼的原则。

四、从实际出发的原则

我国幅员辽阔，不同地区的地理条件差异很大，即使是同一个地区，各个学校之间的体育锻炼条件、场地器材等也都有很大差异。对于同一学校参加体育活动的学生来说，虽然他们的生理结构基本相同，但在年龄、性别、体质状况、锻炼需求等方面的个体差异是普遍存在的，即使是年龄、性别、体质等条件都相似的人，随着体育锻炼过程的发展也会因身体适应能力的不同而出现差异。锻炼者本人及所处的锻炼环境千差万别，不可能提出一种各个学校都可以通用的课外体育活动计划，更不可能提出一个人人都行之有效的锻炼方案。因此，在课外体育活动中必须贯彻从实际出发的原则，根据锻炼者的个人特点、学校的锻炼条件，结合季节、地域气候等客观实际，合理地确定锻炼内容，合理地安排运动负荷。这样，才能掌握课外体育活动的主动权，提高锻炼的可行性和实效性，收到良好的锻炼效果。

五、安全性原则

从事任何形式的课外体育活动都应做到“安全第一”，如果活动安排、组织不合理，违背科学原则，就可能出现伤病事故，甚至危及生命。为保证课外体育活动的安全，锻炼者或组织者应注意以下几点：

其一，个人在体育活动前做好充分的准备活动，让身体各器官进入活动状态，再逐步增加运动强度。集体体育活动组织者要考虑安全隐患，做好预案。

其二，如果要选择对抗性强的，或有挑战性的项目，要全身心投入，稍有疏忽就可能会受伤。

其三，最好不要在水泥地面上进行，以防长期运动后出现劳损。

其四，对于身体虚弱或慢性疾病患者进行体育活动时，切忌盲目增加运动量和强度。

六、自律性原则

自律性是18世纪西方艺术哲学和美学中的核心概念之一，从本质上讲，自律就是你被迫行动之前，有勇气让自己去做或必须做的事情。一般情况下，自律和意志是紧密相连的，意志薄弱者，自律能力较差；意志顽强者，自律能力较强。课外体育活动加强自律性，也就是磨炼意志品质的过程。

在2021年举办的东京奥运会上，中国飞人苏炳添创造历史，成为首位闯进奥运会男子百米决赛的中国人，9秒83，大幅刷新个人最好成绩和亚洲纪录。作为一位31岁的老运动员，苏炳添的成绩不降反升，外界对此也有分析。比如，海外集训、名师点拨、后半程能力的加强、改进奔跑技术、提高效率等。然而这些是外在因素，决定他屡创佳绩的内在因素是自律和自信心。苏炳添在自我管理和约束上是非常难能可贵的，用他身边朋友的说法，“苏炳添不纹身喝酒，不抽烟烫头，不外出吃饭瞎嘚瑟，不喜欢逛街买奢侈品，天天就知道训练以及思考与训练相关的事情”。苏炳添的事例告诉我们，自律是走向成功的特质之一，大学生课外体育活动也同样需要坚守自律。

第二章 课外体育活动的目标

目标是个人、部门或组织所期望达到的成果。课外体育活动目标即是通过课外体育活动所期望达到的成果，按照实施方式，可分为课程目标、健身目标以及竞赛目标等，在积极推进课内外一体化的进程中，课外体育活动已经纳入体育教学之中，旨在促进学生身心健康，培养学生终身体育意识，促进学生全面发展。

学校课外体育活动是现代学校教育不可缺少的重要组成部分，其主要目标是同现代学校的其他环节相互联系、相互促进，共同完成现代社会对学校提出的、培养现代社会所需要的、能适应现代社会环境的完整的人。这可以说是现代学校教育的终极目标和总任务，是学校教育各组成部分共同奋斗的成果，并不能直接代表各组成部分的具体任务，必须合理分解，才能完整组合，否则难以很好地完成总任务。关于学校课外体育活动，概要地说就是达到锻炼学生、培养学生的目的。

学校课外体育活动的终极目标，抑或希冀达到的最终结果应是“体育生活化”，学校课外体育活动乃至整个学校体育可以认为是促进体育活动（或运动）主体（即学生）达到“体育生活化”的过程，而“体育生活化”则是整个学校体育的终极目标。总之，在“体育生活化”的状态下，体育已然成为人们生活不可或缺的组成部分。

第一节　课外体育活动的课程目标

课程教学目标对于高校体育教学活动的顺利开展发挥着非常重要的指导作用，能够在很大程度上影响高校体育教学效果。它一方面体现了高校体育课程教学的指导思想，另一方面为高校体育课程教学计划的编制提供重要的理论依据。大学体育课内外一体化课程体系包括课内教学与课外教学两个部分，两者之间具有共同的核心目标，都旨在培养学生终身体育意识，促进学生身心健康。同时，大学阶段的体育是学校体育的最高层次，也是学生在校学习体育的最后一站和从学校体育走向社会体育的转折点。这一时期的学校体育重心应该转移到终身体育观念的确立，并为终身体育运动项目的选择提供实践经验。

课外体育活动需要依据课程目标制订相应的活动计划，并有目的地参与和实施。2002 年教育部颁发的《全国普通高等学校体育课程教学指导纲要》将高校体育课程开展的目标确定为：运动参与、运动技能、身体健康、心理健康和社会适应五个方面，并根据大多数学生的基本要求和针对部分学有所长和有余力的学生确定基本目标和发展目标。

一、基本目标

运动参与目标：积极参与各种体育活动并基本形成自觉锻炼的习惯，基本形成终身体育的意识，能够制订可行的个人锻炼计划，具有一定的体育文化欣赏能力。

运动技能目标：熟练掌握两项以上健身运动的基本方法和技能；能科学地进行体育锻炼，提高自己的运动能力；掌握常见运动创伤的处置方法。

身体健康目标：能测试和评价体质健康状况，掌握有效提高身体素质、全面发展体能的知识与方法；能合理选择人体需要的健康营养食品；养成良好的行为习惯，形成健康的生活方式；具有健康的体魄。

心理健康目标：根据自己的能力设置体育学习目标；自觉通过体育活动改善心理状态、克服心理障碍，养成积极乐观的生活态度；运用适宜的方法调节自己的情绪；在运动中体验运动的乐趣和成功的感觉。

社会适应目标：表现出良好的体育道德和合作精神；正确处理竞争与合作的关系。

二、发展目标

运动参与目标：形成良好的体育锻炼习惯；能独立制订适用于自身需要的健身运动处方；具有较高的体育文化素养和观赏水平。

运动技能目标：积极提高运动技术水平，发挥自己的运动才能，能参加具有挑战性的野外活动和运动竞赛。

身体健康目标：能选择良好的运动环境，全面发展体能，提高自身科学锻炼的能力，练就强健的体魄。

心理健康目标：在具有挑战性的运动环境中表现出勇敢顽强的意志品质。

社会适应目标：形成良好的行为习惯，主动关心、积极参加社区体育事务。

第二节　课外体育活动的健身目标

健身功能是体育的基本功能之一。理论和实践证明，科学锻炼可以增强体质，增进健康，促进人的身心全面发展。对学生而言，拥有健康的身心和强健的体魄才能完成繁重的学业，成为合格的人才，今后才能为社会多做贡献。这既是学校体育的基本任务，又是学生赖以生存的基础。大学体育还兼具培养终身运动意识和习惯的目标任务，以期达成“体育生活化”，拥有健康的生活方式。从实现手段来看，无论是从国家层面、学校层面还是从个人层面，课外体育活动都是健身目标实现的主阵地之一，因而，作为学校体育的重要组成部分，课外体育活动的健身目标应涵盖增进身心健康的近期目标和确立终身体育运动项目的远期目标。

一、课外体育活动的短期健身目标

2020 年 10 月，中共中央办公厅、国务院办公厅联合印发《关于全面加强和改进新时代学校体育工作的意见》，明确指出：“高等教育阶段学校要将体育纳入人才培养方案，学生体质健康达标、修满体育学分方可毕业。鼓励高校和科研院所将体育课程纳入研究生教育公共课程体系。”这是最近国家对高等学校体育工作提出的明确要求。此前中共中央办公厅、国务院办公厅、教育部也印发相关文件，均有明确的指示精神，各级各类学校培养方案、学籍管理规定等对大学生参加学校体育也有明确规定。因此，课外体育活动的近期健身目标，应紧紧围绕学校体育活动的各项规定，完成各项任务。虽然不同的普通高校有所差异，但主要应包括以下几个方面。

1．大学生体质健康测试

《学生体质健康标准》于 2002 年开始试行，2007 年逐步完善。对普通高校大学生而言，每学年均需要测试一次。测试内容包括：耐力和速度素质

（男生1000米、女生800米和男女生50米跑）；力量素质（男生引体向上，女生仰卧起坐）；柔韧素质（男女生坐位体前屈）；爆发力素质（男女生立定跳远）；身高标准体重（测试男女生身高、体重）；肺活量体重指数（测试男女生肺活量）；男女生视力；等等。一般情况下，一次测试不及格，学校尚且安排一次补测，其间还有集中辅导等。从多年的测试数据分析，这些项目测试有近20%的同学第一次难以通过。

2．体育课

大学体育是普通高校大学生公共必修课之一，每位同学必须修满学分。不同高校学分不等、学时不等，有的高校2个学分，需要4个学期完成，有的高校3个学分需要6个学期完成，今后研究生也要开设大学体育，同样需要完成必修学分。在逐步推进大学体育课内外一体化改革的今天，课外成绩占学期成绩的30%以上，课外体育活动健身已必不可少。

3．学校特色运动项目

不同的高校具有自己的办学特色和要求，体育也不例外。据调查显示，有中医类高校要求学生必须掌握一套传统武术、警察类高校必须掌握搏击格斗术、有的高校要求掌握地域民族传统项目、有的高校要求每学期3000米项目必须达标、必须学会游泳，等等。这些都需要课外加强练习。

4．校内体育竞赛、体育节

校内体育竞赛、体育节是大学生课外体育活动的主要内容之一，其作用显著、重视度高，也是彰显校园体育文化的重要载体。无论校运会、单项校级联赛还是班级对抗赛，为提高竞技水平、争得荣誉，赛前训练必不可少，成为短期内课外体育活动的主要内容。

5．校、系运动队

代表队是一个宣传窗口，特别是学校体育代表队在提高学校知名度、彰显学校德智体美劳全面发展的过程中发挥重要作用，也是展示学校体育工作水平的标志，运动队建设历来受到校各级部门高度重视。虽然不同高校的代表队数量有多有少，参与人数所占比例较低，但是他们作用巨大。队员除了自身长期坚持课余训练和参加竞赛外，直接影响和带动了身边同学的课外体育健身活动。

6．单项体育协会、社团

高校大学生体育协会、社团是基于共同的体育兴趣、爱好，为了实现共同的体育目标和理想，经学校职能部门同意并经过一定的申报程序成立的一种自发性的大学生群众体育组织。普通高校大学生体育社团规模和人数较少，有调查显示，某省在113个体育社团中，200人以上的社团仅有4个，50人以下9个，社团成员数量多集中在51～150人。人数虽少但也影响和改变这部分同学课外体育活动的健身目标。

7．个人健身兴趣、爱好等

兴趣、爱好等也直接影响个人的课外体育活动健身目标，有的同学喜欢健身，一有时间就会泡在健身房；有的同学喜欢武术，可以自己花钱到校园周边武馆训练；有的同学喜欢骑行；有的同学喜爱慢跑；有的同学坚持康复运动；等等。喜欢运动的同学目标清晰，体质就会越来越好。

二、课外体育活动的长期健身目标

大学生心理比较成熟，能接受终身体育的思想。在具体措施上，大学体育在培养终身体育观念的同时，要既广泛又有针对性地提供适合终身体育的运动项目，便于学生选择和取得初步实践的体验。因为一般来说，高等学校有较好的体育设施和较强的师资条件，可以给学生创造这样的机会，并能够起到指导、推荐和咨询的作用，比如介绍适合不同年龄、职业的人可以选择的终身运动项目，包括室内项目和室外项目、水上项目和陆地项目、传统项目和现代项目等。总之，高等学校的体育应完成好从青少年学校体育到成人终身体育之间的衔接，这也是高等学校体育的一种社会效益。课外体育活动的远期健身目标就是树立终身体育思想和掌握1～2项终身体育运动项目。

第三节　竞赛活动目标

体育竞赛是体育课的延伸，它可以把体育课上所学习的运动技能，以比赛的形式淋漓尽致地发挥出来。通过体育竞赛，老师不仅可以了解学生技能的掌握情况，还可以检查学生的竞技能力，突出个人的运动价值，激发学生运动的热情，提升运动的能力。在实际操作过程中，每所高校体育竞赛开展情况各不相同，但是都大同小异，普遍采用“尖子式”的开展形式，能代表学院或者学校参加比赛的往往只是那一小部分运动尖子，因为他们运动能力比较强，参加体育竞赛获奖的概率比较大，那么剩下大部分的学生只能沦为观众，成为坐在路边鼓掌的人，不能亲自参与体育竞赛当中，那就更不用谈体验体育竞赛带来的乐趣了，甚至有的高校为了避免发生运动事故，竟然把运动比较激烈、身体接触比较多的篮球比赛取消了，这是片面的做法，不利于学校体育发展。

一、制度性比赛活动

制度性比赛活动是一种标准化活动，有系统的宗旨和严格的竞赛组织。例如，体育部门年度竞赛计划以及体育部、团委或学工部、工会等部门联合组织的竞赛活动都属于制度性比赛活动。

二、非制度性的社团俱乐部活动

高校学生体育社团是由在校大学生根据自己对某项运动的爱好，自愿参与，并按照一定的要求组织成立的以学习、提高体育技能、发展体育兴趣为主要目标的学生群体组织。这些体育社团都有数量较为固定的社团成员，会定期开展体育活动，主要以训练、比赛和表演为主，平时每周有 2 ~ 3 次训练课，每学期会组织校内体育比赛活动。各体育社团开展活动主要是利用课外时间，集中在下午 7、8 节课的时间段；各社团开展活动的场地较为固定，场地器材条件参差不齐；社团活动经费主要来源于社团成员缴纳的会费和社会赞助。社团活动的组织和开展主要是由社团内专业技术较好，组织能力较强的学生来负责，也有部分社团会邀请校内外专业教师作为社团指导老师，但大部分是无偿的。参与社团活动的成员大多数是一年级的学生，并且第一学期参与活动的人数比第二学期多，能够长期坚持的相对来说是部分掌握技术较好和进步较大的社团成员。这部分成员是社团内的稳定因素，保证了社团稳定发展。总体来讲，高校体育社团作为一个高度自治的学生组织，其活动形式多样，活动内容丰富，一定程度上满足了高校学生的体育爱好与兴趣需求。

第三章 准备活动与放松

第一节　准备活动

一、准备活动的意义

准备活动的英文翻译是 warming-up（变热），是指从一个相对静止的状态过渡到运动状态的过程，是运动前所做的一系列身体活动，旨在使身体各个器官得到适当的练习，逐步提高运动强度以及为各项运动的动作练习做准备。准备活动可以有效地预防伤害事故，提高运动训练的效果。运动前，充分的准备活动可以提高中枢神经系统的兴奋性，加快大脑反应速度，增进参加活动的运动中枢相互协调，提高肺通气量及心脏输出量，克服内脏器官生理惰性，缩短进入工作状态的时间。适宜的准备活动有利于提高课堂质量。

二、准备活动的功能分类

按照目标与强度，准备活动的功能分类有以下两个方面：

1．一般性准备活动

一般性准备活动主要是全身性的身体练习，使身体各主要肌肉群、关节、韧带得到充分活动，逐步提高大脑皮层的兴奋性、呼吸循环和代谢水平，包括肌肉拉伸、各种变化形式的慢跑（后退跑、侧身跑、变向跑等）、压腿、踢腿、侧压腿、跳跃运动等，或者运动量较小的游戏，其中游戏可以集中学生的注意力，活跃课堂气氛。一般性准备活动的时间一般为 10～15 分钟，冬季天气较冷时，可适当延长准备活动时间。

2. 专项准备活动

专项准备活动是指与体育课锻炼内容中的动作结构、节奏和运动强度相适应的身体练习，目的是提高运动有关中枢间的协调性，强化动作动力定型，为正式的体育训练环节做好技术准备。例如，篮球运动前进行运球、投篮、传接球等；短跑比赛前的加速跑、起跑、高抬腿等；排球运动前进行自传球、传垫球、发球、移动等。

三、准备活动的内容

1. 徒手操（5 分钟）

徒手操的内容主要有：头部运动、肩部运动（肩部绕环、手臂绕环）、扩胸振臂、腰部运动（腰部大绕环、小绕环）、转体运动、弓步压腿、侧压腿（绷脚背侧压腿、勾脚尖侧压腿）、腕关节、膝关节、踝关节运动等。

在这套简单的徒手操中，学生在弓步压腿和侧压腿两个练习中容易出错，相关部位活动不充分，以致准备活动效果不好。弓步压腿要求膝关节不超过脚尖，不能出现明显的前伸，肩部不超过膝关节；侧压腿要求上身挺直，不要前倾或者后仰。

弓步压腿正确示范

弓步压腿错误示范

侧压腿正确示范

侧压腿错误示范

绷脚背侧压腿

2．专门性练习（10 分钟）

（1）动力性准备活动

动力性准备活动较多，比徒手操的练习强度大，如慢跑、高抬腿、小步跑、胯下击掌、跳绳、波比跳、下蹲起、交叉步、弓箭步、俯身登山跳、开合跳、无绳跳绳、交叉跳、踢毽跳、前踢腿、侧踢腿、后踢腿、后摆腿、外摆腿等。

高抬腿

小步跑

胯下击掌

跳绳

波比跳一

波比跳二

波比跳三

下蹲起一

下蹲起二

交叉步一

交叉步二

弓箭步一

弓箭步二

弓箭步三

俯身登山跳

开合跳

无绳跳绳一

无绳跳绳二

交叉跳一

交叉跳二

踢毽跳一

踢毽跳二

前踢腿一

前踢腿二

侧踢腿一

侧踢腿二

后踢腿一

后踢腿二

后摆腿

外摆腿

（2）静力性准备活动

静力性准备活动主要是身体各部位的肌肉拉伸和柔韧练习，增强关节的韧度，有效地预防肌肉拉伤，如前压腿、侧压腿、后压腿、肩部拉伸、纵叉、横叉、坐位体前屈、A 形拉伸、肩部拉伸、跪式俯卧撑、平板支撑、手臂支撑、腹背拉伸、全身拉伸、俯身后撤、侧控腿等动作。

前压腿

侧压腿

后压腿

肩部拉伸

纵叉

横叉

坐位体前屈

A 形拉伸

肩部拉伸一

肩部拉伸二

跪式俯卧撑一

跪式俯卧撑二

平板支撑

手臂支撑

腹背拉伸

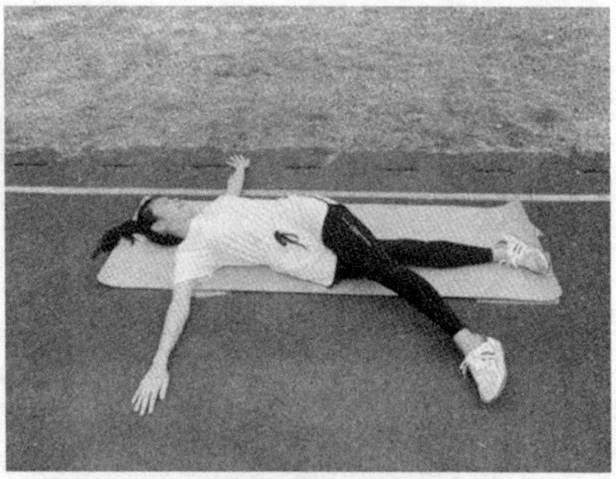

全身拉伸一

全身拉伸二

俯身后撤

侧控腿

挺髋后仰

勾脚尖小腿肌肉拉伸

俯身触脚

侧腰

侧腰后站立

侧腰手触地

腿部拉伸平衡一

腿部拉伸平衡二

并膝提脚一

并膝提脚二

体前屈（手触地）

体前屈（交叉脚）

提膝

准备活动如下：

① 操场慢跑 1 ~2 圈 → 徒手操 → 小步跑（20 米×2 组）+ 高抬腿（20 米×2 组）+ 后退跑（20 米×2 组）→ 拉伸韧带。

② 简单活动膝腕踝关节 → 慢跑 5 分钟 → 肩部、侧腰拉伸，勾脚尖腿部韧带拉伸 → 开合跳 20 秒、休息 10 秒，弓箭步跳 20 秒、休息 10 秒，左右深蹲跳 20 秒 → 手臂支撑 1 分钟。

小腿肌肉拉伸

第二节 放松练习

一、运动结束后放松的重要性

1. 运动后的放松运动可以巩固运动效果

运动后的放松运动就是运动之后的冷却，它跟运动之前的预热一样不能被忽视，这样才能够收到良好的运动功效。若是在做完运动之后马上静止，不仅让高度运转的肌肉和神经得不到缓冲，激素水平和血压都还没降下来，这对人体的心脑血管很不利。所以，做完运动之后身体进行适当地放松，对保持身体健康至关重要。

2. 运动后的放松运动可以让身体及时补充氧气

在运动的过程中，需要大量的氧气来供人体的代谢使用，人体也会在代谢的过程中产生出大量的二氧化碳等废气，随呼吸排出体外。由于运动过于剧烈，人体很可能会出现一时供应不上氧气的情况，因此身体内的二氧化碳也不能够及时地排出。若是做一些放松运动，那就能够让身体及时地吸入氧气。

3. 运动后的放松运动缓解精神压力

人体在做完运动之后，需要慢慢恢复到相对安静的一个状态，这样能够缓解锻炼时心理的紧张感。从心理学来看，在运动之后进行充分的放松不但能够帮助人体心理上的恢复，而且能够培养积极的心态。

二、运动结束后放松的作用

为了让身体保持合适的状态，我们在运动之后需要进行一定程度的放松练习，主要是针对身体的各个部位，放松练习跟柔韧性练习有相通之处。

1．保持身体功能

运动后的放松可以使肌肉得到还原，保持肌肉良好的机能，达到肌肉最大功效。

2．改善神经功能

放松肌肉有利于改善神经系统功能，加快大脑皮质中枢兴奋和抑制的转换，减少大脑皮质的负担，加速运动技能的形成。

3．提高肌肉耐力

运动后的放松，可以减轻肌肉酸痛，提高肌肉工作效率，改善肌肉供能，有利于肌肉耐力的提高。

4．改善血液循环

运动后的放松可以减少血液淤积，加速全身血液重新分配，促进乳酸代谢，消除疲劳，加速身体功能的恢复。

5．提高训练质量

放松运动使心血管系统恢复正常，减轻关节压力，能尽快让身体恢复正常状态，是一次完整训练的最后一个环节。坚持认真完成训练后的放松运动，是保证连续训练、提高训练质量必不可少的环节。

运动后的放松主要针对肩部、腰部、腿部等部位的放松练习。

三、放松方法

运动后的放松分为3步：一是动态慢跑，缓解肌肉紧张；二是静态拉伸，或是理疗、冰浴；三是物理放松法；四是按摩放松法。

1．动态慢跑

运动后慢跑放松，可以调整呼吸，松缓肌肉，重新分配血液，改善身体状态。通常，我们在身体练习的基本部分完成后进行400～800米的慢跑放松练习。这一阶段要求全身放松，调整呼吸节奏，为下一阶段的拉伸做准备。

2．静态拉伸

慢跑以后，先做下肢大肌肉群的静态拉伸，逐步向上进行全身的肌肉拉伸。拉伸使肌肉纤维拉长，有利于维持肌肉的弹性。

（1）肩部：跪撑压肩

针对上肢躯干、肩带等部位的肌肉拉伸。

跪撑压肩动作主要是针对上肢大肌肉群的放松、拉伸，使上肢大肌肉群拉长、尽快恢复。

跪撑压肩

（2）坐位体前屈、仰卧体后屈

坐位体前屈、仰卧体后屈主要是针对腿部前、后肌群的拉伸、放松，使其在练习后尽快恢复。

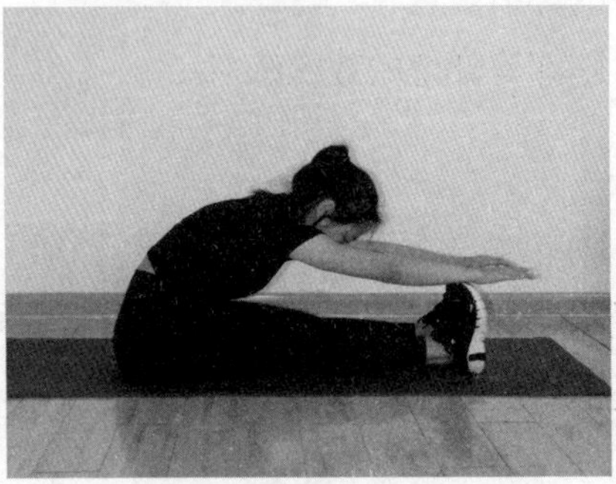

坐位体前屈

仰卧体后屈

（3）下肢

俯卧单脚撑、跨栏步、站位股直肌拉伸、弓步体侧拉伸、腓肠肌拉伸。

此组动作主要是针对腿部肌肉前、后肌肉群的拉伸、放松，有利于肌肉功能尽快恢复。

俯卧单脚撑

跨栏步

站位股直肌拉伸

弓步体侧拉伸

腓肠肌拉伸

3．物理放松法

① 灯照。运动后，身体的局部位置由于伤痛，可以采用专门的理疗照射灯，对疼痛部位的肌肉进行一定时间的照射，每次 20～30 分钟，可以改善疼痛部位的血液循环，促进身体的恢复。

② 冰浴。冰浴法是帮助剧烈运动后的身体降温而采用的一种放松方法。NBA 球员、职业足球俱乐部的队员在打完一场职业球赛之后或是训练课后，会在第一时间进冰桶坐浴。冰浴可以让运动员迅速降低体内温度，减少运动伤害、促进恢复。

③ 电刺激。医生对运动性损伤的部位进行的一种治疗性恢复手段。

④ 视频、音频放松法。运动后用听舒缓音乐、观赏艺术影片的方法也可以让运动者得到身体放松恢复。

⑤ 泡热水浴。运动后可以通过泡热水浴进一步舒缓紧张的肌肉，加快体内的新陈代谢。

4．按摩放松法

按摩放松主要是在放松练习结束后，由他人或器械对腰部和腿部进行放松练习。按摩放松法常见于学校运动队在训练结束放松环节，如拍打法、滚筒挤压法等。

① 正确地恢复按摩，需要按摩肌肉本身，原则是沿着肌肉的走向挤压推按。

② 逐渐用力按压，垂直用力，数秒后放松，再重复按压，形成节律性刺激，有助于镇静安抚。

③ 按摩放松必须控制频次和时长，单个部位的刺激以 2 分钟以内为宜，总体时间控制在 10 分钟以内。

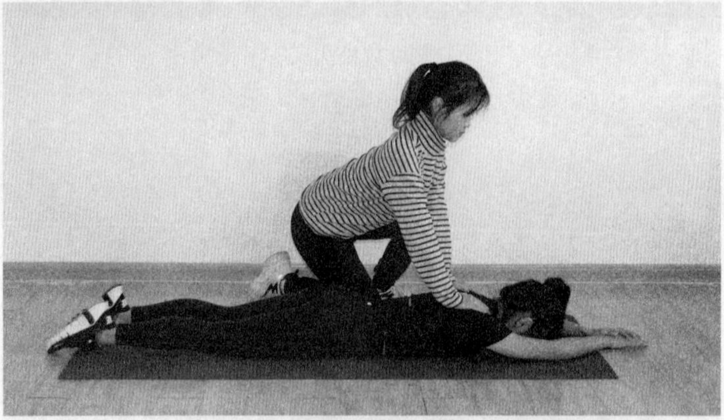

按摩放松法一

按摩放松法二

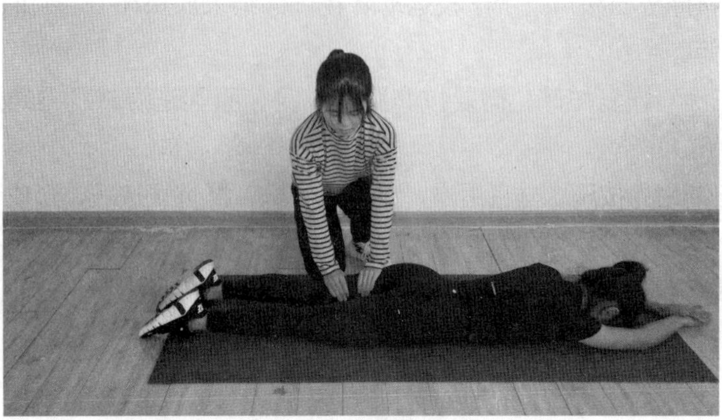

按摩放松法三

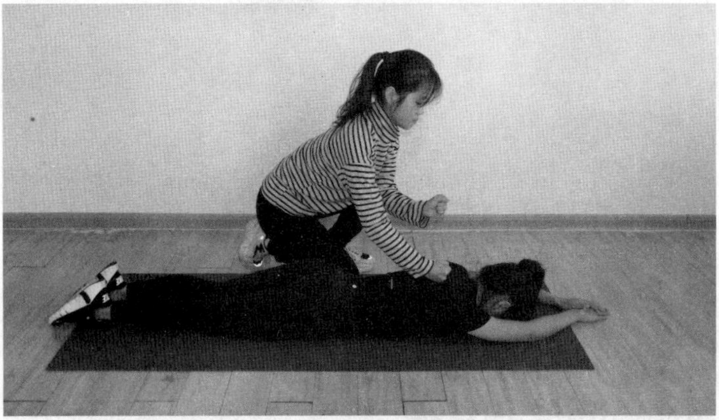

按摩放松法四

第四章 运动技术与练习方法

第一节　篮球技术与练习方法

篮球运动是集跑、跳、投、传等动作于一体的综合类运动，篮球训练和比赛不仅可以提高队员的体能、技能、战术意识等方面的能力，还能培养竞争意识和团队协作意识、顽强拼搏的精神和永不放弃的精神。

一、篮球运动概述

1891 年，美国体育教师詹姆斯·奈史密斯博士发明了篮球运动。1908 年，美国制定了全国统一的篮球规则。1932 年，国际篮球联合会在瑞士日内瓦成立，目前共有 212 个会员。1936 年，第 11 届奥运会将男子篮球列为正式比赛项目，并统一了世界篮球竞赛规则。1976 年，第 21 届奥运会将女子篮球列为正式比赛项目。

1895 年，篮球运动传入中国。目前，篮球运动在我国已成为很受欢迎的运动项目。中国男篮先后获得 1994 年世界男子篮球锦标赛第八名，1996 年、2004 年、2008 年奥运会男子篮球赛第八名；在参加的 21 届亚锦赛中 16 次夺冠，12 次参加亚运会 8 次夺得金牌。中国女篮获得亚运会冠军 6 次、亚锦赛冠军 11 次，世锦赛、奥运会均获得亚军的好成绩。

二、篮球基本技术及练习方法

篮球技术通常分为：移动技术、运球技术、传球技术、投篮技术、抢篮板球技术、突破技术等。

1. 移动技术及练习方法

移动技术包括起动跑、急停、转身、滑步、碎步、跳、交叉步等。

(1) 起动跑练习方法

① 由基本站立姿势，听信号起动快跑。

② 原地高抬腿或碎步，听信号起动快跑。

③ 背对前方站立，听信号转身起动快跑。

练习要求：反应要快，蹬地有力，摆臂协调，起动迅速。

起动加速跑一

起动加速跑二

起动加速跑三

起动加速跑四

（2）急停、转身练习方法

① 慢跑中做跨步或跳步急停。

② 中速跑听信号做跨步或跳步急停。

③ 快速跑动中接球急停，做前、后转身练习。

练习要求：屈膝降重心，腰胯用力，重心平稳。

(3) 滑步练习方法

① 基本防守姿势，做前滑步，左、右侧滑步。

② 起动快跑 3 ~5 步接侧滑步。

③ 向前跑 6 ~8 米，碎步急停，听信号滑步返回。

练习要求：控制身体重心，蹬地有力，脚步变换快。

侧滑步一

侧滑步二

侧滑步三

侧滑步四

2. 运球技术及练习方法

运球技术分为高运球、低运球、运球急停急起、体前变向换手运球、背后变向运球、转身运球、胯下变向运球等动作。

(1) 原地运球

原地运球分为原地高运球和原地低运球，练习方法如下：

① 垂直运球。

② 左右手交替横拉运球。

③ 单手体前做左右横拉运球。

④ 原地背后做左右换手运球。

⑤ 原地胯下运球。

⑥ 原地前、后转身运球。

练习要求：保持正确的身体姿势，手法正确，左右手交替进行，运球节奏有变化。

原地高运球一

原地高运球二

原地低运球一

原地低运球二

（2）行进间运球

① 高、低运球

练习方法：队员分开站在端线后，直线高运球至对侧端线后返回，先做高运球，再做低运球。

练习要求：运球和跑步动作协调，运球过程抬头观察，非运球手架肘护球。

② 运球急停急起

练习方法：队员分开站在端线后，原地低运球，听信号后迅速起动，再听到信号后急停，继续低运球，到对侧端线后练习返回。

练习要求：起动迅速有力，急停降低重心，侧身护球。

③ 体前变向换手运球

练习方法：球场内左右两边各摆放六个标志锥桶，队员纵队站在端线后，运球到标志前做体前变向换手；到对侧端线后，从球场另一侧做相同练习返回。

练习要求：换手变向时转体护球，变向后运球加速明显。

体前变向换手运球一

体前变向换手运球二

④ 背后变向、胯下变向运球

练习方法：球场内左右两边各摆放 6 个标志锥桶，队员纵队站在端线后，运球到标志前做背后变向运球；到对侧端线后，从另一侧做胯下变向运球返回。

背后变向运球一

背后变向运球二

练习要求：变向时控制好球的落点，转体护球，变向后加速明显。

胯下变向运球一

胯下变向运球二

⑤ 后转身变向运球

练习方法：球场内左右两边各摆放 6 个标志锥桶，队员纵队站在端线后，运球到标志前做后转身变向运球；到对侧端线后，从另一侧做后转身变向运球返回。

练习要求：转身后换手运球，脚下蹬转有力，重心平稳。

后转身变向运球一

后转身变向运球二

后转身变向运球三

3. 传球技术及练习方法

传球技术包括双手胸前传球、双手头上传球、单手体侧传球、双手低手传球、双手反弹传球、单手胸前传球、单手肩上传球、单手背后传球、单手反弹传球等。

双手胸前传球一

双手胸前传球二

双手头上传球一

双手头上传球二

单手体侧传球一

单手体侧传球二

(1) 原地传接球

① 原地对墙传球

练习方法：站在离墙 3～5 米处，对墙分别用双手胸前、双手头上、单手肩上、单手体侧、单手反弹、单手背后等方式进行传球练习。

练习要求：规范传球动作，身体协调用力，手指跟送指向传球方向。

② 原地两人传球

练习方法：两人用双手、单手等不同的传球动作，进行传接球的练习；再调整距离，进行长距离传接球练习。

练习要求：接球时主动伸手迎球，接到球后屈膝缓冲，最后将球迅速传出。

(2) 行进间传接球

① 两人全场跑动传接球

练习方法：两人相距 6 米左右端线站立，中速度，跑进时双手胸前或反弹传接球，到对侧端线后再传球跑回。

练习要求：跑动传球动作协调，传球时以球领人，人到球到。

② 三人“8”字绕切传接球

练习方法：三人沿端线分开站立，中间队员甲持球。练习时甲传球给乙后，从乙身后绕切，乙插中接球传给另一侧的丙，从丙身后绕切，丙插中接球再传给甲，从甲身后绕切，依次重复进行。

练习要求：传球后加速绕切，跑动和传接球协调连贯，传球到位，以球领人。

4．投篮技术及练习方法

现代投篮技术包括原地投篮技术、行进间投篮技术、跳起投篮技术等。

（1）投篮的动作方法

① 原地单手肩上投篮

以右手为例。右脚稍前，两膝微屈，身体重心落在两脚之间，屈肘，正对篮筐，五指自然分开，掌心空出；持球于右肩前上方，肘关节自然下垂正对篮圈，左手扶球左侧，目视瞄篮点；投篮时，下肢蹬地发力，腰腹伸展，抬肘伸前臂，压腕拨指，通过食、中指柔和用力将球投出。

原地单手肩上投篮一

原地单手肩上投篮二

原地单手肩上投篮三

② 行进间单手低手投篮

以右手为例。右脚跨出一大步的同时，双手接（持）球，接着左脚迈出一小步并用力蹬地向上起跳，同时右腿屈膝向前上方摆动；随之向上展体，右臂向篮圈方向伸出，五指自然分开，掌心向上，指根以上部位托举球，接近最高点时，手腕上屈，以手指向上挑、拨的动作，使球柔和投出。

③ 行进间勾手投篮

以右手投篮为例。接球或停止运球后，以左脚向便于投篮的方位跨出一步并起跳，用左肩靠近防守队员，右腿顺势自然上提；注视篮圈，左手离球，右手持球向右肩侧上方伸出，当举球至头的侧上方时挥前臂，以屈腕、压指动作通过食、中指拨球将球投出。

勾手投篮一

勾手投篮二

④ 急停跳起投篮

以右手投篮为例。急停跳起投篮一般用在突破中。急停时，利用脚后跟顶住地面，降低身体重心；跳投时，起跳速度要快，要充分利用跑动的力量；投篮时，手臂轻推，手腕轻压，手指拔球入篮。做这个动作时，身体要站稳。

急停跳起投篮一

急停跳起投篮二

(2) **投篮的练习方法**

① 原地投篮动作练习

● 徒手做投篮动作模仿练习，做原地单手肩上投篮、原地跳起投篮等练习，注意动作协调连贯，规范用力时手臂、手腕、手指动作。

● 自投自接或对墙上标记做投准练习。

● 两人一组，相距 5 米，一人投一人传，完成一定次数后互换。

练习要求：身体协调用力，动作规范，注意压腕、拨指。

② 行进间投篮练习

● 行进间运球上篮：队员在三分线外一路纵队站立，先慢速跑动中，练习一定次数后，再中速跑运球上篮。

● 跑动中接球上篮：队员在三分线外一路纵队站立，传球给位于弧顶的同伴后，快速移动接同伴传球上篮。

● 运球急停跳起投篮：队员在三分线外一路纵队站立，行进间运球，急停跳起投篮，做跳步急停和跨步急停进行投篮。

练习要求：接球、跨步上篮动作连贯协调，起跳要迅速有力，跳起投篮时，在最高点出手。

5．抢篮板球技术及练习方法

抢篮板球技术包括抢进攻篮板球技术和抢防守篮板球技术。它的技术动作由抢占位置、起跳动作、抢球动作以及抢球后动作等环节组成。其中抢占位置是抢篮板球的关键，应正确判断篮板球的反弹方向、距离以及对手的位置，运用脚步动作，快速抢占有利位置。

抢进攻篮板球时，要用快速的移动步法，配合身体动作，摆脱防守队员的阻挡，即要“冲抢”篮板球，且多用单脚起跳、单手抢球；抢防守篮板球时，要利用自己靠近篮圈的有利条件，先挡住对方队员的冲抢，再去抢球，即先挡后抢，多用双脚起跳，双手抢球。

练习方法如下：

① 每人一球，自己向头上方抛球后跳起，在空中用单手或双手抢球。

② 每人一球，向篮板或墙上抛球后，上步起跳，在空中用单手或双手抢球。

③ 两人一组，一人持球投篮，另一人上步转身挡人抢篮板球，练习一定次数后互换。

练习要求：判断准确，快速起跳，手伸到最高点拿球。

抢防守篮板球一

抢防守篮板球二

抢防守篮板球三

三、篮球战术基础配合

战术基础配合是指在篮球比赛中，队员两三人之间有目的、有组织、协调行动的简单攻守配合方法，是组成全队战术配合的基础。它包括进攻战术基础配合和防守战术基础配合。

1. 进攻战术基础配合

进攻战术基础配合包括传切、掩护、策应和突分配合等。

(1) 传切配合

传切配合是持球队员和无球队员之间利用传球和切入所构成的一种进攻配合方法。它包括一传一切和空切。从切入的方向和路线上，分为纵切和横切两种形式。

(2) 掩护配合

掩护配合是进攻队员利用合理的身体动作挡住防守同伴者的移动路线，使同伴或自己借以摆脱防守，获得进攻机会的一种配合方法。按其掩护位置的不同，有侧掩护、后掩护、前掩护三种形式。

2. 防守战术基础配合

防守战术基础配合是为了破坏对方的进攻配合，或当同伴防守出现困难时，及时地给予协助、相互合作，共同完成防守任务的配合方法。它包括挤过、穿过、绕过、换防、关门、夹击、协防等内容。

(1) 挤过

挤过配合是指防守者在掩护队员临近自己时，防守一方积极向前跨出一步，贴近自己的防守对手，从掩护者前面挤过或抢过去，继续防住自己的对手。

(2) 穿过

在对方队员运用掩护配合时，也可采用穿过配合来及时防住自己的对手。即当两个做掩护配合的进攻队员交叉时，防守掩护者的队员要主动后撤一步，并及时提醒同伴，让同伴能及时从中穿过，继续防住对手。

(3) 绕过

绕过配合是一种比较放松的防守形式，不易造成犯规。即当对方做掩护配合时，防守被掩护者提前后撤一步，从同伴的身后绕过，继续防守原来的对手。

(4) 换防

换防配合即交换防守。当对方进行掩护时，防守一方的队员不能及时挤过、穿过、绕过时，防守队员之间及时地呼应，交换各自所防对手。

(5) 关门

关门配合是邻近的两个队员相互靠拢，协同防守突破的两个配合方法。当进攻队员运球突破时，防守突破的队员向侧后方移动，挡住其移动路线，临近突破一侧的队员及时快速地向突破队员的前进方向移动，与另一侧的队员靠拢，像两扇门一样关起来，堵住进攻者的前进路线。

(6) 夹击

夹击配合是指运球队员向边角运球或在边角停球时，临近的两三名防守队员突然上前封堵其传球角度，限制持球队员的正常传球路线和活动范围，并组织断球，从而造成对方失误或违例的防守配合。

(7) 协防

协防配合即协助防守。在防守中，邻近的两三个队员要积极协助配合，抓住对方的主要得分点，采用补防、夹击、关门等方式，变被动为主动。当一名防守队员失去合理的位置，进攻队员持球突破，有直接得分的可能时，临近的防守队员必须立即放弃自己的对手进行协助防守。协助防守时，动作要迅速果断，观察突破队员的分球意图，及时抢占防守的有利位置。

四、篮球竞赛规则简介

1．比赛时间和决胜期

比赛由 4 节组成，每节 10 分钟，在每节之间有 2 分钟休息时间，上半时（第一节和第二节）和下半时（第三节和第四节）之间休息时间为 15 分钟。

如果第四节的比赛时间结束时双方比分相等，比赛将进行一个或几个 5 分钟的决胜期，直到决出胜负决胜期是第四节比赛的延续，每一决胜之间有 2 分钟的休息时间。

2．违例

(1) 3 秒违例

当某队在前场控制活球并且比赛计时钟正在运行时，该队的队员不得停留在对方队的限制区内超过持续的 3 秒。

球进入前场，才会有 3 秒违例情况的发生。

（2）5秒违例

被严密防守的队员在5秒钟内没有传球、运球或投篮，被判5秒违例。

掷界外球时在裁判员递交球后或球可以处理时，队员必须在5秒钟内掷球入界。

（3）8秒违例

一名队员在本队的后场获得控制球时，该队如果在8秒钟内没有使球进入前场，则被判8秒违例。

（4）24秒违例

一名队员在场上控制一个活球时；或在一次掷球入界中，球触及任何一名场上队员或者被他合法触及，掷球入界队员所在的球队仍然控制球时，该队必须在24秒钟内尝试投篮，且球必须触及篮圈，否则被判24秒违例。若进攻方又抢到进攻篮板球，则比赛时间复位到14秒。

（5）球回后场

当一个控制球队的队员在他的前场最后触及进入前场的球，随后他的同队队员又首先触及进入后场的球，则被判球回后场违例。

除上述违例外，其他的违例还有非法携带球、两次运球、脚踢球等。

3．犯规

犯规是对规则的违犯，包括与对方队员的非法身体接触、违犯体育道德的举止等。

（1）侵人犯规

侵人犯规是无论在活球或死球的情况下，一方队员对另一方队员发生的身体接触上的犯规，包括推人、阻挡、拉人、打手、带球撞人等。

罚则：登记犯规队员一次侵人犯规。

如果对没有做投篮动作的队员发生犯规：由非犯规队在最靠近犯规的地点掷球入界重新开始比赛。

如果对正在做投篮动作的队员犯规：

① 如果投篮成功，则应计2或3分，并追加1次罚球。

② 如果在2分投篮区投篮没有成功，则判2次罚球。

③ 如果在3分投篮区投篮没有成功，则判3次罚球。

(2) 双方犯规

双方犯规是两名互为对方的队员同时相互发生侵人犯规的情况。

罚则：应给每一犯规队员登记一次侵人犯规，不判罚球。比赛应按下列所述重新开始：

在发生双方犯规的同一时间，如果：投篮得分，或最后一次或仅有一次的罚球得分，应将球判给非得分队从端线的任何地点掷球入界；如果某队已控制球或拥有球权，应将球判给该队在最靠近犯规的地点掷球入界；如果任一队都没有控制球也没有球权，则判双方跳球。

(3) 违反体育道德的犯规

根据裁判员的判断，队员不是在规则的精神和意图的范围内合法地试图去直接抢球，从而发生接触犯规，则是违反体育道德的犯规。

罚则：应给犯规队员登记一次违反体育道德的犯规。

应判给被犯规的队员执行罚球。

当一队员被登记2次违反体育道德的犯规，则该队员应被取消比赛资格。

(4) 技术犯规

技术犯规是没有身体接触的犯规，行为种类包括：

① 无视裁判员的警告。

② 无礼地触碰裁判员、技术代表、记录台人员或球队席人员。

③ 与裁判员、技术代表、记录台人员或对方队员交流中没有礼貌。

④ 使用很可能冒犯或煽动观众的粗话或肢体语言。

⑤ 戏弄对方队员或在他的面部附近妨碍其视觉。

⑥ 过分挥肘。

⑦ 在球中篮网后故意地触及球或阻碍迅速地掷球入界以延误比赛。

⑧ 假摔。

五、锻炼计划制订范例

锻炼计划的制订可以保证锻炼的系统性和科学性，避免盲目性与随意性，制订计划应该考虑个人健康状况、身体素质、技术水平等。锻炼计划包括多年、年度、阶段、周、课锻炼计划，而周、课锻炼计划对大学生锻炼效果的提高存着直接的重要作用。

篮球课外锻炼一周计划案例

时间	时长	练习内容	注意事项
周二	60分钟	1. 脚步练习：半场行进间碎步、滑步练习、侧身跑（10 分钟） 2. 运球练习：原地垂直的高低运球、左右手交替横拉运球；行进间高低运球、运球急停急起（10 分钟） 3. 传球练习：原地对墙传球、二人原地传接球（10 分钟） 4. 投篮练习：原地单手肩上投篮、行进间单手低手投篮、中距离投篮练习（20 分钟） 5. 体能练习：俯卧撑、球场四线折返跑（10 分钟）	1. 锻炼前做好准备活动。 2. 运动装备合身。 3. 运动过程中喝水少量多次，运动强度循序渐进。 4. 锻炼后做好放松活动。 5. 平时加强力量、速度、耐力锻炼。 6. 保持均衡的营养和充足的睡眠
周四	60分钟	1. 脚步练习：起动跑、变速跑、滑步（10 分钟） 2. 运球练习：原地背后变向运球，原地胯下运球，行进间体前、背后变向运球（10 分钟） 3. 传球练习：二人行进间传接球、三人行进间直线传接球（10 分钟） 4. 投篮练习：行进间单手低手投篮、三分投篮练习（20 分钟） 5. 体能练习：400 米×5 变速跑（10 分钟）	
周六	60分钟	1. 运球练习：行进间胯下变向、后转身变向运球（10 分钟） 2. 传接球练习：二人行进间传接球、三人“8”字传接球（10 分钟） 3. 投篮练习：运球急停跳投、三分投篮（10 分钟） 4. 教学比赛：半场三对三或四对四（30 分钟）	

锻炼频次为每周 3 次，每次锻炼时间为 60 分钟，每次锻炼前做好充分的准备活动，包括运球慢跑、跳绳、拉伸练习等。

第二节　排球技术与练习方法

排球运动主要是用手和手臂完成发球、垫球、传球、扣球和拦网等技术动作来组织进攻和防守的隔网对抗性运动项目。排球运动不仅能提高人们的力量、速度、灵活、弹跳等运动能力，还能培养机智、果断、沉着、冷静等意志品质。通过排球比赛和训练，可以培养大学生团结协作、顽强拼搏、永不言弃的精神。

一、排球运动的概述

1895 年，美国青年教会干事威廉 · G. 摩根结合篮球、棒球、网球以及手球等游戏发明了排球运动。最初的排球比赛出场人数必须相等，数量由双方临时商定。1912 年，规定双方上场的队员必须轮转位置。1917 年，规定每方上场队员为 6 人。1922 年，规定每方必须在三次以内将球击过网。1947 年 7 月，国际排球联合会（PIVE）在巴黎召开成立大会。这次大会制定了国际排联宪章，成立了技术委员会、竞赛委员会和裁判委员会，正式出版了通用国际排球竞赛规则。

1905 年排球传入中国。1981 年，中国女排开始崛起，至 1986 年，中国女子排球队在世界杯、世界锦标赛和奥运会上 5 次蝉联世界冠军，成为世界排球史上第一支连续 5 次夺冠的队伍；又在 2003 年世界杯、2004 年奥运会、2015 年世界杯、2016 年奥运会、2019 年世界杯上 5 次夺冠，共 10 次成为世界冠军。中国男排曾获得亚锦赛、亚运会冠军共 6 次，世界杯、奥运会的最好成绩均为第五名。中国排球的代表性人物有袁伟民、郎平、陈忠和、朱婷、汪嘉伟等。

二、排球的基本技术及练习方法

排球技术根据不同的技术特点和运用方法，可分为准备姿势和移动、垫球、传球、发球、扣球、拦网六大类。

1．准备姿势和移动

准备姿势是为了有利于起动和移动，使身体动作和心理活动处于良好的“临战”状态。

及时、准确、快速地移动是击球前合理取位以及寻找最佳击球点的前提，起动是移动的开始，是在准备姿势的基础上变换身体重心的位置，使身体便于向任一方向快速移动。起动的快慢决定着移动取位能否及时准确。移动的步法主要有并步、跨步、交叉步、滑步和跑步等。

移动技术练习方法如下：

（1）徒手模仿练习

根据教师讲解示范，学生进行各种准备姿势和移动步伐的模仿练习。

（2）组合练习

根据教师的手势或哨音信号，学生做准备姿势和各种移动步伐练习

（3）“米”字线移动练习

学生做完准备姿势后，在场地中央沿“米”字线做各种步伐练习。

（4）结合球的练习

两人一球，相距 6 米，一人持球，另一人做准备活动，用各种移动步伐接住抛至不同距离和不同方向的来球。

2．垫球

垫球是排球比赛中运用较多的一项技术，主要用于接发球、接扣球、接拦回球以及防守和处理各种球。当一传来球较低时，还可以垫二传，用来组织进攻。垫球技术是组织一攻、防反、保攻和推攻的重要击球手法。

垫球的练习方法如下：

（1）徒手模仿练习

模仿教师的垫球手臂动作和完整的垫球动作，两人一组相互纠错，要求动作规范、协调。

（2）一抛一垫练习

两人一组，一抛一垫，抛出球的高度、落点尽量固定，垫球人用正面垫球的动作将球垫回。练习一定次数后互换。

（3）自垫球练习

单人持球，自抛自垫，把球控制在一定高度，连续试做，熟练后可适当

提高垫球的高度。

(4) **两人对垫练习**

采用正面垫球动作，两人一球对垫，动作熟练后可移动对垫。

(5) **变方向垫球练习**

三人一组成三角形站立，互相变向垫球。

垫球技术一

垫球技术二

3. 传球

传球主要用于二传，在比赛中起到组织进攻的作用。传球也常用来接对方的处理球、吊球和被对方拦回的高球，还可进行吊球和处理球，起着直接进攻的作用。传球包括正面双手传球、背传、侧传、跳传和单手传。

传球技术一

传球技术二

传球技术三

传球技术四

传球练习方法如下：

（1）徒手模仿动作练习

重点学习传球前的准备姿势、协调的伸展动作、传球前的手型等。

（2）一抛一传练习

两人相距 3 米站立，一抛一传，反复练习，着重体会完整的动作和手指、手腕的击球动作。练习一定次数后互换。

（3）对墙传球

两人一组，一人近距离对墙连续传球，另一人纠正其传球时的错误动作。练习一定次数后互换。

（4）两人对传

两人一组，互相对传球，体会正面双手传球的完整动作。

（5）变方向传球练习

三人一组，站位成三角形进行互传，着重提高改变传球方向和转身传球的能力。

4．发球

发球是比赛的开始，也是进攻的开始。攻击性强的发球，可以破坏对方的一传，降低对方一攻的威力，起到先发制人的效果，为本方防守反攻创造有利机会。

上手发球技术一

上手发球技术二

上手发球技术三

上手发球技术四

上手发球技术五

发球练习方法：

(1) 徒手模仿练习

徒手试做，模仿正确的发球动作，体会身体协调用力和挥臂路线。

(2) 抛球练习

单手或双手持球，垂直上抛，位置和高度要固定，反复进行练习。

(3) 对墙发球练习

距离墙2~3米持球站立，抛球后做完整的发球动作，反复进行练习。

(4) 发球过网练习

两人一组，相对站立，在端线后发球过网。要求每完成一组发球后，互相纠正动作。

(5) 找目标发球

指定发球区域，也可指定线路，不断提高发球时的控制能力。

5. 扣球

扣球是排球比赛中最主要的得分技术，是最积极、最有效的进攻手段之一。扣球技术可分为正面扣球、小抡臂扣球、单脚起跳扣球和勾手扣球等。

扣球的练习方法如下：

① 原地模仿扣球手臂挥摆和击球手法的练习。

② 原地对墙扣球练习。原地对墙自扣反弹球，强调手包球和打满球及击球手臂的规范动作。

③ 助跑步法及起跳的练习。准备姿势后，徒手练习一步助跑后的起跳扣球动作，熟练后，练习两步、三步助跑及跑步后的扣球动作。

④ 网上扣固定球的练习。分别用一、二、三步助跑起跳后，在网上扣固定高度的球，要求慢速助跑，体会正确完整的技术动作。

⑤ 网前抛球的扣球练习。要求抛出的球垂直起落，固定高度及落点进行扣球。熟练后可抛不同的高度及落点，提高扣球的难度。

6. 拦网

拦网是第一道防线，有效拦网可以减轻本方后排的防守压力，为反击创造有利条件，同时也可以削弱对方进攻的锐气，给对方攻手造成心理威慑。

扣球技术

拦网分为单人拦网、集体拦网（双人、三人拦网）。

拦网技术练习方法如下：

（1）原地徒手模仿练习

根据正确示范，原地模仿拦网的手臂动作。

（2）原地起跳拦固定球练习

一人隔网登高持球固定于网上，另一人对网原地起跳做拦网动作，反复练习。

（3）移动练习

两人一组，隔网对面站立在球网一端，同时向另一端做顺网的各种移动步法练习。

（4）单人拦网练习

单人在4、3、2号位分别拦一般扣球，拦网时注意拦阻不同线路的球。

拦网技术

三、排球基本战术

排球基本战术一般分为个人战术和集体战术两大类。集体战术又进一步分为接发球及其进攻（简称一攻），接扣球及其进攻（防反），接拦回球及其进攻（保攻），接传、垫球及其进攻（推攻）四个战术系统。

进攻战术是指二传队员和扣球队员之间所组织的各种进攻配合，包括强攻、快攻和两次球进攻三种基本打法。这些打法都可以在“中一二”“边一二”和“插上”三种进攻战术阵型中得以具体运用。

1．“中一二”进攻战术形式

“中一二”战术是进攻战术中最简单、最基本的战术形式，由 3 号位队员作二传，把球传给 2 号位或 4 号位队员进行扣球的进攻形式。

2．“边一二”进攻战术形式

“边一二”进攻战术形式即接发球时，把球传给前排2号位队员，由他传球给3号位或4号位队员进攻。

3．“插上”进攻战术形式

二传队员由后排插上到前排担当二传，把球传给前排位置上队员或后排队员进攻。

防守战术是组织进攻或反攻战术的基础，没有严密的防守就无法组织有效的进攻。它包括接发球、扣球、拦回球和传、垫球防守战术。

四、排球竞赛规则简介

1．计胜方法

① 从发球击球起至该球成死球止，获胜队得1分，并获得发球权。

② 采用5局3胜制。每一局（决胜局除外）先得25分并超出对方2分的队为胜一局。

③ 决胜局（第5局）打至8分时，双方交换场地，不休息，按原来的位置继续比赛，先打到15分并超出对方2分的队为获胜队。

2．所有局间休息时间均为3分钟

3．犯规

比赛行为违背规则为犯规。如果两人或更多的犯规先后发生，则只判罚第一个犯规。如果双方队员同时犯规，则判“双方犯规”。

（1）发球犯规

① 击球时，脚踏及端线或边线的延长线。

② 发球时，从裁判鸣哨起8秒钟内未将球发出。

③ 发球时，发球队队员个人或集体利用各种动作或密集站立，阻挡球的飞行路线，形成“掩护发球”

④ 裁判未鸣哨而发出的球无效，重新发球。

⑤ 发球时，抛球次数超过1次。

(2) 位置错误

发球队员发球击球的一刹那，双方任何一队员未按规则中规定的位置站位。

(3) 持球

球在队员身体任何部位停留时间较长，造成接住球或抛出球。

(4) 连击

当队员身体任何部位连续触球多于一次（拦网除外）。

(5) 触网犯规

队员击球时或干扰比赛的情况下触网。

(6) 拦网犯规

在对方队员进攻性击球前或击球的同时拦网触球，或后排队员参加并完成拦网。

(7) 界外球

球触及地面的部分完全在界线以外，或触及标志杆、标志带、网柱及场外任何物体。

(8) 后排队员犯规

后排队员在进攻线前，将整体高于球网上沿的球直接击入对方场区。

4．暂停

① 只有教练员和场上队长在比赛成死球时，方可请求暂停。

② 每一局比赛每队可有 2 次暂停，每次暂停时间不得超过 30 秒。

③ 在世界性比赛第 1 ~ 4 局，每当领先队达到 8 分和 16 分时，自动执行技术暂停，时间为 60 秒。

④ 决胜局（第 5 局）没有技术暂停。

5．换人

① 只有教练员和场上队长在比赛成死球时，方可请求换人

② 每一局每队最多可替换 6 人次，可同时替换一人或多人，

③ 替补队员每一局只能上场比赛一次，替补首发上场阵容的队员，而且该替补队员只能由被他替换下场的队员来替换。

6．后排自由防守队员（自由人）

① 可以替换后排任何一名队员。

② 不允许发球、拦网和试图拦网。

③ 他的替换不计在该队的换人次数之内，且没有次数限制。

五、锻炼计划的制订范例

排球课外锻炼一周计划案例

时间	时长	练习内容	注意事项
周一	60分钟	1. 脚步练习：做各种准备姿势和移动步伐的模仿练习（10分钟） 2. 垫球练习：对墙垫球、自抛自垫（15 分钟） 3. 传球练习：徒手模仿练习、对墙传球、两人对传（15 分钟） 4. 发球练习：徒手练习、抛球练习、对墙发球练习（10 分钟） 5. 体能练习：指卧撑、球场折返跑（10 分钟）	1. 锻炼前做好准备活动。 2. 运动装备合身。 3. 运动过程中喝水少量多次，运动强度循序渐进。 4. 锻炼后做好放松活动。 5. 平时加强力量、速度、耐力锻炼。 6. 保持均衡的营养和充足的睡眠
周三	60分钟	1. 脚步练习：做“米”字移动练习（5 分钟） 2. 垫球练习：对墙垫球、自抛自垫、两人对垫（15 分钟） 3. 传球练习：对墙传球、两人对传（15 分钟） 4. 扣球练习：原地徒手模仿挥臂击球、对墙扣球练习（15分钟） 5. 体能练习：2000 米匀速跑（10 分钟）	
周五	60分钟	1. 传、垫球练习：自抛自垫、两人对传垫球、变方向传垫球（10 分钟） 2. 扣球练习：网前抛球的扣球练习（10 分钟） 3. 拦网练习：原地徒手模仿、原地起跳拦固定球练习、移动练习（10 分钟） 4. 教学比赛：（30 分钟）	

锻炼频次为每周 3 次，每次锻炼时间为 60 分钟，每次锻炼前做好充分的准备活动，包括慢跑、跳绳、拉伸练习等。

第三节　足球技术与练习方法

足球运动是以脚支配球为主，两个队在同一场地内进行攻守的体育运动项目。通过足球技、战术的学习和比赛，人们能充分体验足球的魅力和乐趣。足球运动不仅有利于增强人们的体质、培养坚强的意志品质，还有利于振奋民族精神，促进人们相互交往，它承载了友谊与团结、和平与公平、关爱与尊重等精神内涵。

一、足球运动概述

足球的起源最早可追溯到中国古代的“蹴鞠”游戏。现代足球始于英国，1848 年，足球运动历史上第一部文字形式的规则《剑桥规则》诞生。1900 年，在第二届夏季奥林匹克运动会中，足球被列入正式比赛项目。

中国国家女子足球队曾参加 14 次亚洲杯，共获得冠军 8 次、亚军 2 次、季军 3 次；参加亚运会 8 次，获得冠军 3 次、亚军 2 次、季军 1 次；参加女足世界杯 8 次，获得亚军 1 次，进入四强 1 次（不含前述亚军）；参加奥运会 5 次，其中在 1996 年亚特兰大奥运会上获得亚军。中国男足曾 1 次参加世界杯、2 次参加奥运会、12 次参加亚洲杯，于 1984 年和 2004 年两度获得亚洲杯亚军。

二、足球基本技术及练习方法

1．熟悉球性

熟悉球性的练习动作有拨球、拉球、扣球、挑球、颠球等。

熟悉球性的练习方法如下：

① 脚底踩球球感训练。双脚脚底交替踩球，同时尽量让皮球保持原地不动。

② 脚底拉球训练。交替用双脚脚底横向把球拉向另外一只脚，尽量让皮球保持在一条横线上稳定移动。

③ 左脚拉球、右脚拨球增强球感训练。先用左脚脚底向支撑腿右脚内侧拉球，然后再用右脚脚内侧将球推回到原来的位置。

④ 脚内侧拨球—横向拉球增强球感训练。先用双脚内侧左右来回连续拨四次球，再用一只脚脚底将球横向拉向身体另一侧，用另一只脚将球停住。然后再用双脚内侧左右来回连续拨三次球后，用一只脚横向拉球，用另一只脚将球停住。如此循环训练。

拨球一

拨球二

⑤ 颠球练习。分别用脚、大腿、头部颠球。

颠球一

颠球二

颠球三

2．运球技术

运球技术是由脚背正面运球、脚背外侧运球、脚背内侧运球和脚内侧运球四种基本的运球技术组成。为了战术需要，以及破坏对方的防守，在个人突破摆脱对方的阻截时常常采用运球技术，它是足球运动的一项基本技巧。

（1）脚背内侧运球

脚尖和髋关节稍向外转，利用小腿的摆动力量推击球的侧后部，向支撑脚的一侧移动。

脚背内侧运球

(2) 脚背外侧运球

脚尖外转，用脚背外侧推拨球的侧后部，向运球脚的一侧移动。

(3) 脚背正面运球

脚跟提起，脚尖下指，小腿自然前摆，用脚背正面推击球的正后方。

脚背正面运球

运球技术练习方法如下：

① 无球练习：做运球跑的模仿练习。

② 有球练习：慢跑中有节奏地匀速练习；沿规定路线做匀速、变速、变向运球；听、看信号做转身、变向运球。

3．踢球技术

踢球技术包括助跑、支撑脚站位、踢球腿摆动、脚触球和踢球后的随前动作五个环节。站位、摆腿和脚触球三个环节决定了踢球的力量、方向和轨迹的变化。

(1) 脚内侧踢球

直线助跑，支撑腿微屈，支撑脚脚尖正对出球方向距球约一球距离，摆动腿外旋，小腿以膝关节为轴摆动，击球时屈脚背保持踝关节紧张，以脚内侧对球，同时脚底保持与地面平行，敲击球的中后部，击球后随球继续向前移动。

(2) 脚背内侧踢球

斜线助跑，最后一步要大，以脚后跟过渡到脚掌支撑于球侧 20～30cm，脚尖对着出球方向，膝微屈，身体倾斜保持平衡，大小腿折叠作鞭状摆动，以脚背内侧击球后下部，击球瞬间脚背紧张，击球后踢球腿继续向前向上随摆，完成击球动作。随着摆腿方向变化和脚后跟高度的调整，可以踢出侧旋的弧线球、后旋的长传球或低平球等不同性质的球。

踢球技术练习方法如下：

① 无球模仿各种踢球技术练习。原地跨步、支撑、摆腿、踢假想球及随球跟进动作，逐渐过渡到慢速助跑、快速助跑踢球等动作，结合大脑想象脚触球一瞬间的各种动作。

② 双人踢球踩球练习。一人脚底踩挡球，另一人进行各种脚法的踢固定球练习。练习时，用力适当，助跑、摆动腿的动作正确自然。

踢球踩球一

踢球踩球二

踢球踩球三

③ 对墙进行各种踢球技术练习。由静止球开始对墙练习，逐渐过渡到滚动球练习，力量从小到中等，注意技术环节的规范，练习将球踢向墙面上的各个目标。

④一抛一踢空中球练习。两人一组，相距5～10米，一抛一踢，由原地练习过渡到移动中踢空中球，注意原地练习时双脚不能站死，练习距离由近及远逐步进行。

⑤“四二抢截”练习。四名队员分别站在边长8～10米正方形场地的四个角进行移动传球，场内有两名队员进行抢截球练习，传球队员传出的球被抢球队员触及即为失败，其进场替换该抢球队员，练习继续进行；也可以缩小场地，限定三脚或一脚将球踢出去。

4．停球技术

（1）脚底停地滚球

正面来球时，停球腿自然前伸、脚背上屈，脚跟高度低于球的高度防止漏球，接球瞬间踝关节放松、脚掌下压将球挤向地面，随即利用脚掌将球踢向下一个动作需要的位置。

（2）脚内侧停地滚球

挡切式：以脚弓部位正面或侧面以一定的角度接球，大腿微抬，触球瞬间下压，以脚弓部位挤切球的中上部，以合适的力量将球挤向两侧或前方，随即将球运走或踢出。

脚内侧停地滚球一

脚内侧停地滚球二

后引缓冲式：停球腿前伸以脚弓部位正对来球，触球瞬间放松向后引腿，通过一段距离的引腿减速缓冲来球力量，随后将球拨向下一个位置。

（3）大腿停球

大腿停球可分为收腿缓冲接球和提腿接球两种方式。收腿缓冲接球是正对来球，判断并移动到来球落点，提膝抬腿，以大腿中段接球，触球瞬间腿部放松下收，缓冲来球力量。提腿接球是于接球瞬间大腿微微上提，改变来球力量使球在腿上轻轻向上弹起后，再进行后续处理。

（4）胸部停球

胸部停球可以采用收胸式和挺胸式两种方式。收胸式停球在判断来球并移动到位后，上体挺胸迎球，收下颌，胸部触球瞬间呼气收胸缓冲来球力量，将球卸下；挺胸式停球是上体后仰挺胸反弓，接球瞬间伸腿提脚跟向上轻轻发力，使球在胸部轻轻弹起后，再进行后续处理。

胸部停球一

胸部停球二

停球技术练习方法如下：

① 对墙练习。对墙踢地滚球，练习原地接地滚球，逐渐过渡到迎上去接，练习时运用各种脚法，力量由小到大，由地滚球到反弹球。

② 自抛自接球练习。每人一球，自抛自停，将球抛起后，用不同脚法进

行反弹球和空中球接球练习。

③ 两人一组抛接空中球练习。两人一组，面对面站立，相距 5 米左右，一人抛球，另一人运用大腿、胸部、头部、脚内侧、脚背正面等部位接空中球，熟练后可在移动中加大力量练习。

④ 两人一组跑动中传接球练习。两人在一定范围内跑动，根据距离远近，一人传地滚球或空中球，另一人判断并跑向落点，用大腿、头部、胸部、脚部等练习接球熟练后可加大力量练习。

5．头顶球技术

头顶球可分为正前额和侧前额顶球两种，它可以采用原地、助跑、跳起和鱼跃等方式灵活地运用。以原地正前额顶球为例：判断来球并移动到位后，目视来球，上体后仰反弓，腰腹摆动发力主动击球，用前额正面击球中后部，击球瞬间保持睁眼及颈部紧张，击球后继续向前摆体，目视球去。

头顶球一

头顶球二

头顶球三

头顶球四

头顶球技术练习方法如下：

① 头顶颠球练习。每人一球，连续头顶颠球，体会动作要领。

② 两人抛顶球练习。两人一组，相距 3 ~ 5 米，一抛一顶，连续 10 次交换，熟练后再左右移动顶球或原地顶球。

6．抢截球技术

抢截球可分为正面抢截和侧面抢截。它一般由跨步抢截、合理冲撞、铲球等抢截技术构成。抢截技术应用的时机非常重要，一般在对手离球较远或对方的控球脚离球的一刹那迅速出击，以避免盲目出击或造成不必要的犯规。初学者一般要求掌握跨步抢截和合理冲撞两种基本的抢截技术。

抢截球练习方法如下：

① 正面跨步抢截双人练习。两人相距 2 ~ 5 米，距离由近到远，力量由小

到大，一人运球接近，另一人跨步堵抢。

② 合理冲撞练习。两人同向慢跑，用适当的力量进行冲撞练习；两人相距 3 ~ 5 米，进行跑动中冲撞对抗，抢截原地球；两人追抢向前滚动的球，进行合理冲撞对抗练习。

7. 掷界外球技术

掷界外球技术一般分为原地和助跑掷界外球两种。它们同样需要运用借助腰腹和手臂的发力方式，同时必须面向场内的掷球方向，两脚立于边线外或触及边线，但任何一脚都不得完全离开地面，掷球必须以一个连贯的动作将球用双手由头后经过头顶掷入场内。

掷界外球练习方法如下：

① 两人一组，相对站立，间隔 10 ~ 15 米，按照动作要领做互掷练习。

② 熟悉动作以后，加大间隔距离或助跑距离，球的落点要准确。

掷界外球一

掷界外球二

掷界外球三

8．守门员技术

（1）接地滚球

直腿接球时，双脚并拢膝关节微屈，两脚间防止漏球；单膝跪地接球时，屈膝脚的脚跟与跪地腿的膝盖靠拢，以跪地的小腿防止球从脚下漏过，双手掌心朝前，两臂及双手小指靠拢，接球后顺势向上屈臂，双手抱球于胸前。

（2）接低平球

手形与接地滚球相同，接球时手臂前伸，身体正对来球以防漏球。上体前倾，手部触球后压抱球于体前。

（3）接高球

分原地与跳起两种。接高球时，两臂上举，双手自然张开，大拇指相对呈八字，掌心对球，接球后下引双臂翻手呈小指相对抱球于胸前。

（4）扑接球

扑接地滚球和低球时，身体重心迅速下降，外侧脚蹬地，两臂迅速伸出，以脚开始到体侧、手臂等由下到上依次着地缓冲冲击，倒地一侧的手迎挡球，另一只手按压球后上部防止球跳动，随即屈体收手，抱球于怀中。

三、足球的基本战术

1. 进攻战术

当获得球权的瞬间，进攻战术便开始了，一支球队必须学会、掌握并善于运用进攻战术的四大原则。

（1）宽度原则

尽可能利用球场的宽度，迫使防守者扩大横向的防守面积和防守队员之间的协同距离，为本方的进攻创造空间，要培养队员在比赛中的横向长传转移的能力和意识。

（2）渗透原则

在横传转移拉开对方的防守后，伺机利用快速的直传渗透对方的防守，为射门得分创造有利的条件。快速、突然的渗透进攻是成功的关键。

（3）灵活原则

在对方密集防守、进攻受限的情况下，灵活地运用有球或者无球的跑动，为同伴的切入制造空挡和机会。爆发性的启动和切入速度及合理地运用灵活原则是瓦解对方密集布局、打乱对方防守阵型的有效途径。

（4）即兴发挥的原则

在进攻中即兴创造射门机会。直觉、应变思维、临场经验、良好的灵敏性和速度对进攻的即兴发挥起着重要作用。即兴发挥在比赛中是极为关键的取胜因素。

2．防守战术

防守战术的实施是在丢球后即刻开始的。虽然受进攻方的牵制，但利用积极主动的防守战术扼制对方的进攻是极为重要的。

（1）延缓原则

丢球的即刻，丢球的队员或离球最近的队员应该立即采取行动，实施抢断和干扰，阻止对方有组织的快速反击，为本方重新组织防守赢取时间。每一名队员都应该清晰地理解延缓的目的和意义。

（2）平衡原则

攻守平衡一直是足球发展的重要因素，要求防守的人数要多于对方进攻的人数，至少也要保持投入等量的防守队员。在防守的同时要积极回撤，以保持与攻方进攻力量对等的防守力量。

（3）集中原则

离球近者紧逼对方，离球远者保持适当的距离；对球门威胁大的中路进攻，防守方要加强紧逼，边路可以适当放松。队员之间的配合保护也是如此，集中能够调动的防守力量，来扼制相对威胁大的目标。

（4）控制原则

在球门前的重要防守区城，根据本方队员的个人能力和对手的攻守特点，防守队员可以采取人盯人或区域盯人的战术，控制和限制对手在这一重要区域的一切行动。

四、足球基本竞赛规则

1．计胜方法

进球得分：当球的整体从球门柱间及横梁下越过球门线，而此前未违反竞赛规则，即为进球得分。

获胜的队：在比赛中进球数较多的队为胜者。如两队进球数相等或均未进球，则比赛为平局。

竞赛规程应说明，若比赛结束为平局，是否采用决胜期或国际足球理事会同意的其他步骤以决定比赛的胜者。

2．越位

当攻方队员出球时，其中攻方有队员比对方倒数第二名队员更接近于对方球门线且接球队员处于对方半场内，则该队员处于越位位置。

若出现以下情况，则队员不处于越位位置：角球和界外球除外；在本方半场内；齐平于倒数第二名对方队员；该队员齐平于最后两名对方队员。

处于越位位置的队员，在同队队员踢或触及球的一瞬间，裁判员认为其就下列情况而言“卷入”了现实比赛中时才被判为越位犯规：干扰比赛；干扰对方队员；利用越位位置获得利益。

如果队员直接从下列情况下接到球：球门球；掷界外球；角球；则没有越位犯规。

对于任何越位犯规，裁判员应判给对方在犯规发生地点踢间接任意球。

3．犯规行为

下列情况将被判罚犯规或不正当行为

裁判员认为，如果队员草率地、鲁莽地或使用过分的力量实施下列犯规中的任何一种，将判给对方踢直接任意球：

① 踢或企图踢对方队员；

② 绊摔或企图绊摔对方队员；

③ 跳向对方队员；

④ 冲撞对方队员；

⑤ 打或企图打对方队员；

⑥ 推对方队员；

⑦ 当为了得到对球的控制而抢截对方球员时，于触球前触及对方球员。

如果队员违反下列三种犯规中的任何一种，也判给对方踢直接任意球：

① 拉扯对方球员；

② 向对方队员吐唾沫；

③ 故意手球（不包括守门员在本方罚球区内）。

在比赛中，无论球在什么位置，如果队员在本方禁区内违反了上述判罚直接任意球的十种犯规中的任何一种，应被判罚点球。

如果队员有下列 7 种犯规中的任何一种，将被警告并出示黄牌：

① 犯有非体育道德行为；

② 以语言或行动表示异议；

③ 持续违反规则；

④ 延误比赛重新开始；

⑤ 当以角球或任意球重新开始比赛时，不退出规定的距离；

⑥ 未得到裁判员许可进入或重新进入比赛场地；

⑦ 未得到裁判员许可故意离开比赛场地。

如果队员有下列 7 种犯规中的任何一种，将被罚令出场并出示红牌：

① 严重犯规；

② 暴力行为；

③ 向对方或其他任何人吐唾沫；

④ 用故意手球破坏对方的进球或明显的进球得分机会（不包括守门员在本方罚球区内）；

⑤ 用可判为任意球或点球的犯规破坏对方向本方球门移动着的、明显的进球得分机会；

⑥ 使用无礼的、侮辱的或辱骂性的语言及动作；

⑦ 在同一场比赛中得到第二次警告。

被罚出场的队员必须立即离开比赛场地附近和技术区域内。

五、锻炼计划的制订范例

足球课外锻炼一周计划案例

时间	时长	练习内容	注意事项
周二	60 分钟	1. 熟悉球性练习：拨球、拉球、扣球、挑球（10 分钟） 2. 运球练习：慢节奏匀速练习，变速、变向运球（15 分钟） 3. 踢球练习：无球模仿练习、双人踢球踩球练习、对墙进行各种踢球技术练习（15 分钟） 4. 停球练习：对墙练习、自抛自接、两人一组抛接空中球练习（10 分钟） 5. 体能练习：2000 米变速跑（10 分钟）	1. 锻炼前做好准备活动。 2. 运动着装合身

（续表）

时间	时长	练习内容	注意事项
周四	60分钟	1. 熟悉球性练习：拨球、拉球、扣球、挑球、颠球（10分钟） 2. 运球练习：变速、变向运球，听、看信号做转身、变向运球（10分钟） 3. 踢球练习：一抛一踢空中球练习、“四二抢截”练习（20分钟） 4. 头顶球练习：头顶颠球练习、两人抛顶球练习（10分钟） 5. 体能练习：立卧撑10次×5、50米×5加速跑（10分钟）	3. 运动过程中喝水少量多次，运动强度循序渐进。 4. 锻炼后做好放松活动。 5. 平时加强力量、速度、耐力锻炼。 6. 保持均衡的营养和充足的睡眠
周六	60分钟	1. 熟悉球性练习：拨球、拉球、颠球（10分钟） 2. 掷界外球练习：两人原地或助跑互掷练习（10分钟） 3. 抢截球练习：正面跨步抢截双人练习、合理冲撞练习（10分钟） 4. 教学比赛：（30分钟）	

锻炼频次为每周3次，每次锻炼时间为60分钟，每次锻炼前做好充分的准备活动，包括慢跑、跳绳、拉伸练习等。

第四节　乒乓球技术与练习方法

乒乓球运动是结合体能、技能、智力等因素，隔网对抗的运动项目。乒乓球被誉为我国的“国球”，深受广大群众的喜爱。乒乓球具有球体轻、速度快、变化多、趣味性强，不受性别、年龄和身体条件的限制，设备简单，比较容易开展和普及等特点。经常参加这项运动可以提高人的速度、力量素质和身体的灵敏性、协调性；改善心血管系统和呼吸系统的机能，促进新陈代谢以增强体质；改善神经系统，培养人的勇敢顽强、机智果断等品质。乒乓球代表性人物有容国团、徐寅生、庄则栋、李富荣、蔡振华、刘国梁、邓亚萍、王楠、张怡宁等。

一、乒乓球运动概述

乒乓球运动于19世纪末起源于英国，是由网球运动派生而来的，英文名为“Table Tennis”。汉语的乒乓球是从声音上得名的。乒乓球运动在英国流行起来之后不久传入美国，1904年由日本传入中国上海，现已发展成遍及世界五大洲的竞技体育运动。国际乒乓球联合会目前的协会成员已有200多个。1988年，乒乓球被列入奥运会的正式比赛项目。

历史上比较著名的“小球转动大球”的乒乓外交事件，成为世界外交史和体育史上的佳话。中国乒乓球队经历了由弱到强、持久昌盛的发展历程。截至2021年，中国乒乓球男、女队共获得32个奥运会冠军、149个世乒赛冠军、71个世界杯冠军，还有众多的亚洲冠军等，长期称霸世界乒坛。

二、乒乓球运动基本技术及练习方法

1．乒乓球运动中的握拍法、基本站位与基本姿势

（1）握拍法

目前世界上流行的握拍法主要分直握法和横握法两大类，前者多为亚洲运动员所采用，而后者是欧洲运动员的传统握法。

直握法一

直握法二

横握法一

横握法二

（2）基本站位

乒乓球运动的基本站位，必须遵循有利于发挥自身技术特长的指导原则。决定运动员基本站位的因素有多种，运动员要根据打法类型选择基本站位。

（3）基本姿势

基本姿势包括击球前的准备姿势和连续击球之间需要保持的身体姿势。正确的基本姿势可使身体各部位有更多的肌肉处在“应激”状态，“一触即发”，随时准备回击来球。

2．直板推挡技术

直板推挡技术包括加力推、减力挡、推下旋等。

（1）特点作用

直板推挡出手快、线路活，是学习推挡技术的基础。

（2）动作要领

手臂自然弯曲并作外旋，拍面角度稍前倾，上臂和肘关节内收，自然靠近身体右侧，并将球拍引至身体前方。当球跳至上升期时，前臂和手腕迅速向前略向上推出去。触球瞬间手腕外旋，拍面稍前倾，击球中上部。以前臂和手腕发力为主，并适当借力。

（3）直板推挡技术练习方法

① 徒手模仿推挡技术动作，体会动作要点。

② 用正反手对墙做推挡球练习。

③ 两人在台上对练推挡，要求动作正确。

④ 一人逐渐加力推挡，另一人均匀力量推挡，二人轮换。

3．攻球技术

攻球技术分正手攻球、反手攻球和侧身攻球三大类。

（1）正手快攻技术

① 特点和作用：站位近、动作小、出手快，借来球的反弹力还击，与落点变化相结合，可调动对方为扣杀创造条件。

② 动作要领：两脚自然分开，与肩同宽或稍宽于肩，左脚稍前，右脚稍后。身体离台约 50 厘米，手臂自然放松，保持一定的弯度，但不要小于 90°

正手快攻一

正手快攻二

正手快攻三

反手快拨一

反手快拨二

反手快拨三

大于 120°，拍面稍前倾（约 80°）。随着身体向右移动，手臂向身体右后侧方引拍，在来球跳到高点期时，手臂迅速向左前上方挥动，击球的中上部，同时身体重心从右脚移至左脚，击球后由于惯性，手臂挥至头的左侧，身体重心从右边移到左边，然后迅速还原，准备第二板。

（2）横板反手快拨技术

① 技术的特点和作用：动作小、出手快、线路活，借来球反弹力量还击，具有一定的速度和力量，但突然性和攻击性不足。

② 动作要领：两脚平行开立，站位较近，手臂自然弯曲并作外旋使拍面前倾，手腕内收和屈曲，并将球拍引至腹前偏左的位置。当来球跳至上升期，

前臂加速挥拍并外旋，手腕作屈伸和外展，拍面稍前倾击球中上部，借来球反弹力量向右前方拨回来球。

③ 攻球技术练习方法如下：

① 反复徒手挥拍，模仿正、反手攻球和侧身攻球动作。

② 多球训练。供球者先发定点球，练习者连续正手攻球，体会动作的正确性；再发落点有变化的球，练习者在移动中正手攻球。练习一定次数后，再练习反手攻球和侧身攻球技术。

③ 对攻练习。陪练者把球交替打到练习者正手、反手位，练习者不断练习正手、反手攻球或侧身攻球技术动作。

对攻练习一

对攻练习二

对攻练习三

对攻练习四

4．发球与接发球技术

发球、接发球和发球抢攻是乒乓球实战中的重要环节，一般统称为“前三板”。因为每一分球的争夺都是由此开始，所以处理好“前三板”，往往能起到先发制人的作用。

发球技术分为正手发球技术和反手发球技术两种。

正手发球一

正手发球二

正手发球三

正手发球四

反手发球一

反手发球二

反手发球三

在乒乓球比赛中，接发球的机会与发球大致相同，如接发球不好，除直接失分外，还会制约自己的战术发挥，造成心理压力而处于被动。接发球技术由选择站位、判断来球、合理回接三个方面组成。

发球技术练习方法：

① 用多球进行发球练习，先练习发斜线球，再练习发直线球；先发定点球，再发不定点球。

② 练习发各种旋转性能的球。

③ 练习用同一手法发不同旋转和落点的球。

5．弧圈球技术

人们把在来球下降期拉出的弧线较高、速度较慢、上旋强烈的弧圈球称为加转弧圈球（又称高吊弧圈球）；而把在来球上升后期或高点期拉出的弧线较低、速度较快、落台后冲力大的弧圈球称为前冲弧圈球；将击球点偏球侧面、侧旋成分较多的弧圈球称为侧旋弧圈球。

然而，随着乒乓球技术水平不断提高，现代弧圈球已成为一项兼容性很强的技术。运动员往往采用基本近似的动作，在此基础上，根据来球稍加调整即可拉出速度、旋转不同的弧圈球。触球瞬间强调“打、摩”结合，而非像早期那样为加转而单纯追求擦得“薄”，并且更加注重前冲力的体现和高质量的连续性。

弧圈球技术练习方法如下：

① 徒手模仿拉弧圈球动作。

② 一人发中路出台的下旋球，另一人练习拉弧圈球，体会击球手法，要求动作正确。

③ 2 人一组，一人推挡，另一人练习拉弧圈球。

6．搓球技术

搓球技术包括慢搓、快搓、摆短、劈长等。

① 反手慢搓的技术特点和作用。动作较大、速度较慢，主动发力回击，因此有利于增强回球的下旋强度，是学习其他搓球技术的基础。

② 反手慢搓技术的动作要领。手臂内旋使拍面后仰，前臂向左后上方引拍，当来球跳至下降前期，前臂带动手腕加速向前下方用力摩擦球，触球中下部，向底部摩擦。

搓球技术练习方法：

● 徒手模仿搓球动作。

● 自己向球台抛球，弹起后将球搓过网。

● 接发球时，将球搓回对方球台。

● 两人对搓球练习，搓球和攻球结合练习。

7．步法

乒乓球运动的技术问题主要有两个方面：一是手法，二是步法。随着乒乓球技术水平的不断提高，步法的重要性日益凸显，它既是及时准确地使用与衔接各项技术动作的枢纽，又是执行各种战术的有力保证。乒乓球运动的基本步法有单步、跨步、跳步、并步和交叉步。

步法练习方法：

① 徒手模仿各种步法的跑动练习。

② 手法结合各种步法的挥拍练习。

③ 用单球或多球进行各种步法的专门练习。如用两点打一点的方法进行并步或跳步的练习，用推、侧、扑的方法进行侧身步和交叉步的练习等。

三、乒乓球的基本战术

乒乓球战术的种类较多，主要有发球抢攻战术、对攻战术、拉攻战术、削攻战术、接发球战术、搓攻战术等。发球抢攻战术、接发球战术、搓攻战术是重要内容。以发球抢攻战术为例，发球抢攻是各类打法力争主动、先发制人的一项主要战术，是比赛的重要得分手段。

1．发球抢攻战术

各种打法常用的发球抢攻战术，主要有以下几套：

① 正手发转不转球后抢攻。

② 正手发高、低抛左侧上、下旋球后抢攻。

③ 反手发右侧上、下旋后抢攻。

④ 反手发急上、下旋后抢攻或抢推。

⑤ 下蹲发球后抢攻。

2．对攻战术

对攻战术是进攻型打法在相持阶段常用的一项重要战术。快攻类打法主要依靠把手推挡（或反手攻球）和正手攻球（或正手拉弧圈球）的技术，充分发挥快速多变的特点来调动对方。

常用的对攻战术主要有以下几种：

① 紧逼对方反手，伺机抢攻或侧身抢攻、抢拉。

② 压左突右。

③ 调右压左。

④ 攻两大角。

⑤ 攻追身球。

⑥ 变化击球节奏，加力推和减力挡结合，发力攻、拉与轻打、轻拉结合。

⑦ 改变球的旋转以静制动，如加力推后、推下旋。

3．拉攻战术

拉攻战术是以攻为主的运动员对付削球的主要战术。为了发挥拉攻的战术效果，首先要具备连续拉球的能力，并有线路、落点、旋转、轻重等变化，其次要有拉中突击和连接扣杀的能力。

常用的拉攻战术：

① 拉反手后，侧身突击斜线或中路追球。

② 拉中路杀两角或拉两条杀中路。

③ 拉一角或杀另一角。

④ 拉吊结合，伺机突击。

⑤ 拉搓结合。

⑥ 稳拉为主，伺机突击。

4．削攻战术

削攻战术即削中反攻战术，这种战术主要靠稳健的削球，限制对方的进攻能力，为自己的反攻创造条件。

常用的削攻战术：

① 削转与不转结合，伺机反攻。

② 削长短球，伺机反攻。

③ 逼两大角，伺机反攻。

④ 交叉削两大角，突击对方弱点。

⑤ 削、挡、攻结合，伺机强攻。

5．接发球战术

接发球战术与发球抢攻战术同样重要，接发球水平的高低可以反映运动员的实战能力以及各项基本技术的应用程度。

常用的接发球技术：

① 稳健保守法。

② 接发球抢攻。

③ 盯住对方的弱点，寻找突破口。

④ 控制接发球的落点。

⑤ 正手侧身接发球。

6．搓攻战术

搓攻战术是进攻型打法的辅助战术之一，主要利用搓球旋转的变化和落点的变化为抢攻创造机会。这一战术在基层比赛中被普遍采用。

常用的搓球战术：

① 慢搓与快搓结合。

② 转与不转结合。

③ 搓球变线。

④ 搓球控制落点。

⑤ 搓中突击。

⑥ 搓中变推或抢攻。

四、乒乓球竞赛规则简介

1．一局比赛

在一局比赛中，先得 11 分的一方为胜方；当比分为 10 : 10 后，双方队员各发 1 球，先多得 2 分的一方为胜方。

2．一场比赛

单打的淘汰赛采用七局四胜制或五局三胜制，双打淘汰赛和团体赛采用五局三胜制。

3．次序和方位

① 在每获得 2 分后，接发球方即成为发球方，依此类推，直到该局比赛

结束，或直至双方比分为10：10，或实行轮换发球法时，发球和接发球次序不变，但每人只轮发1分球。

② 在双打的第一局比赛中，先由发球方确定第一发球员，再由接发球方确定第一接发球员。

③ 在一局比赛中，首先发球的一方在该场比赛的下一局中应首先接发球。在双打比赛的决胜局中，当一方先得5分后，接发球一方必须交换接发球次序。

④ 一局中，在某一方位比赛的一方，在该场比赛的下一局应换到另一方位。在决胜局中，一方先得5分时，双方应交换方位。

4．间歇

① 在局与局之间，有不超过1分钟的休息时间。

② 在一场比赛中，双方各有一次不超过1分钟的暂停。

③ 每局比赛中，每得6分后，或决胜局交换方位时，有短暂的时间擦汗。

五、锻炼计划的制订范例

要想取得良好的锻炼效果，实行锻炼计划是最好的方式。根据练习者的身体素质、运动能力、健康状况等，科学制订的锻炼计划可以起到事半功倍的效果。

乒乓球课外锻炼一周计划案例

日期	总时长	练习内容	注意事项
周一	60分钟	1. 球性练习：拍面托球、持拍颠球，连续对墙击球练习（10分钟）； 2. 脚步练习：徒手模仿各种步法的练习、手法结合各种步法的挥拍练习（10分钟）； 3. 推挡球练习：用正反手对墙做推挡、上台做斜线推挡（15分钟）； 4. 发球练习：发正手急球、正手发左侧上旋球（15分钟）； 5. 体能练习：俯卧撑、50米×4（10分钟）	1. 锻炼前做好准备活动； 2. 运动装备合身； 3. 运动过程中少量多次喝水，运动强度循序渐进；

（续表）

<table>
<tr><th>日期</th><th>总时长</th><th>练习内容</th><th>注意事项</th></tr>
<tr><td>周三</td><td>60分钟</td><td>1. 球性练习：跑动持拍颠球、连续对墙击球（10 分钟）；
2. 发球练习：正手发左侧上、下旋球（15 分钟）；
3. 攻球练习：正手攻球练习（15 分钟）；
4. 搓球练习：徒手模仿、自抛球搓球、接发球搓回对方球台（10 分钟）；
5. 体能练习：跳绳、1000 米跑（10 分钟）</td><td rowspan="2">4. 锻炼后做好放松活动；
5. 平时加强力量、速度、耐力锻炼；
6. 保持均衡的营养和充足的睡眠</td></tr>
<tr><td>周五</td><td>60分钟</td><td>1. 发球练习：反手发球（10 分钟）；
2. 攻球练习：左推右攻（10 分钟）；
3. 搓球练习：两人对搓球，搓球和攻球结合练习（10 分钟）；
4. 教学比赛：（30 分钟）</td></tr>
</table>

锻炼频次为每周 3 次，每次锻炼时间为 60 分钟，每次锻炼前做好充分的准备活动，如慢跑、跳绳、拉伸练习等。

第五节　羽毛球技术与练习方法

羽毛球运动作为一项全身性运动项目，无论是进行正规的羽毛球比赛，还是作为一般性的健身活动，不仅可以提高运动者的体能，而且可以增强人体呼吸系统和心血管系统的功能，使身体的免疫能力加强。羽毛球运动要求练习者在短时间内对变化的球路做出判断，果断地进行反击，因此对提高神经系统的灵敏性和协调性具有积极的作用。长期的锻炼和比赛可以提高队员的控制力、耐力，养成良好的团队精神和良好的性格。羽毛球代表性人物有杨阳、林丹、谌龙等。

一、羽毛球运动概述

现代羽毛球运动起源于印度，形成于英国。1893 年，英国的羽毛球俱乐部逐渐发展起来，成立了第一个羽毛球协会，规定了场地的要求和运动的标准。1910 年，现代羽毛球运动传入中国。1939 年，国际羽联通过了各会员国共同遵守的第一部《羽毛球规则》。1992 年，第 25 届巴塞罗那奥运会将羽毛球列为比赛项目，包括男单、女单、男双和女双。1996 年亚特兰大奥运会增加了混双项目。2006 年，国际羽毛球联合会（IBF）的名称更改为羽毛球世界联合会（BWF）。

二、羽毛球基本技术及练习方法

1. 羽毛球基本技术及练习方法

（1）握拍

球拍手柄的基本外形：球拍侧棱为握拍时虎口要对准位置。以下介绍的基本技术均以右手握拍者为例。

① 正手握拍。左手握住球拍的中杠，使拍框与地面垂直，张开右手，使虎口对准拍柄斜棱上的第二条棱线，用近似握手的方法握住拍柄，拇指和食

指贴在拍柄两侧的宽面上，其余的三指自然握住拍柄，拍柄与掌心不要握紧，应留有空隙。

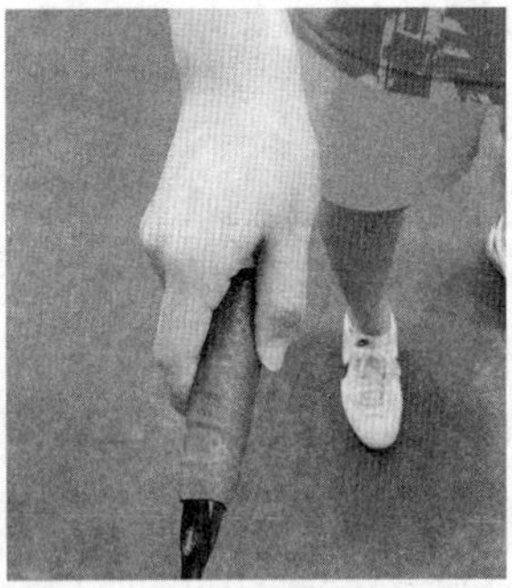

正手握拍一

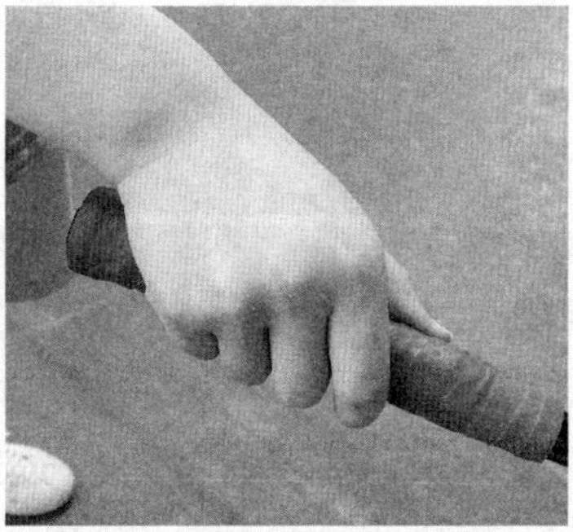

正手握拍二

② 反手握拍。在正手握拍的基础上，将球拍柄稍向外旋，拇指顶贴在拍柄第一斜棱旁的宽面上，也可将大拇指放在第一、二斜棱之间的小窄面上，食指稍向下靠，击球时，靠食指以后的三指紧握拍柄，同时拇指前顶发力击球。

反手握拍

（2）发球

羽毛球的发球包括正手发球和反手发球。正手发球可发高远球、网前球、平高球和平射球；反手发球一般只发网前球、平高球和平射球。

① 正手发高远球。用正手握拍的方法，以正拍面将球击得高且远，球飞行到对方的后场上空后垂直下落至底线附近的一种发球。

② 正手发网前球. 用正手握拍的方法，以正拍面击球，使球轻轻擦网而过，落在对方前发球线附近的一种发球，是单条和双打中常见的一种发球。

正手发球一

正手发球二

正手发球三

③ 反手发网前球。用反手握拍的方法，以反拍面击出与正手发网前球飞行弧度相同的球，称为反手发网前球。

反手发球一

反手发球二

发球技术的练习方法：

- 根据动作要领徒手挥拍，做各种发球动作的挥拍练习。
- 对墙进行发球练习。
- 用多球在场地上进行反复练习。
- 发球固定落点练习。

(3) 击球

击球方法分为正手击球和反手击球两种，主要包括：高远球、勾对角球、搓球、吊球、杀球、挑球、推球、扑球、抽球等。

① 正手高远球。以较高的弧线将来球击到对方场区底线附近叫正手高远球。击高远球是所有上手击球动作的基础。高远球的作用是逼迫对方远离中心位置退到底线去按球，可减弱对方进攻的威力，为本方进攻寻找机会。

正手高远球

② 反手高远球。以反手将球击回对方底线去的高远球击球法称为反手高远球。在被动情况下，可以采用反手击高远球过渡，帮助自己重新调整站位。

③ 勾对角球。准备动作为侧身，反手握拍于身体左侧，右脚在前，屈膝。

引拍时，右脚向反手位来球方向跨出一步，提高身体重心，反手握拍，前臂向前上方伸，斜对球网。

击球时，肘部突然下沉，同时手腕背屈，拇指内侧和中指把柄拍往右侧一拉，勾住球托的左侧面，使球沿着对角线方向飞行。

④ 搓球。击球时，前臂旋内，手腕略外展，带动手指动作，使球拍做向前下再向前上“挑搓”球托的动作。

勾对角球

搓球

击球技术练习方法：按照动作要领，进行各种击球方法的无球挥拍练习。

① 对角高远球的练习：2 人一组，反复打对角高远球，目标为后场边角。熟练后可练一些后场平高球。

② 直线高远球的练习：2 人一组，沿边线反复打高远球，目标为后场边角。熟练后可练一些后场平高球。

③ 网前球的练习：20 个球为一组，1 人手抛，另 1 人做搓、勾或扑的动作，2 人交替进行。

④ 直线、斜线劈吊球的练习：2 人一挑一劈吊，挑球一方尽量将球传到位，目标后场边角尽量高些，劈吊方的练习首先要追求质量，熟练后逐步加速。2 人交替进行。

(4) 基本步法

① 跨步。在移动的最后一步，左脚用力向后蹬的同时，右脚向来球的方向跨出一大步，称为跨步。

② 并步。右脚向前（或向后）移动一步时，左脚即刻向右脚跟并一步，紧接着右脚再向前（向后）移动一步，称为并步。

③ 垫步。当右（左）脚向前（后）迈出一步后，后脚跟进，紧接着以同一脚向同一方向再并一步，为垫步。

④ 交叉步。左右脚交替向前、向侧或向后移动为前交叉步。另一脚向前面的为前交叉步，而另一脚向后面的为后交叉步。

步法练习方法如下：

● 原地练习：快速原地碎步跑；转髋大跨步趣味辅助练习。

● 左右两侧抢球练习：球场一侧边线放 10 个球，练习者从中间开始，移动到有球侧拿球，然后快速折返转身，把球放在另一侧边线上，依次拿完停止，要求身体重心保持在低位。

● 前后四点摸球练习：球场的 4 个角摆上 4 个球，练习者从场地中间开始起动，每次都摸到球后快速跑回到场地中间，再起动摸另一球，可以先逆时针跑，然后顺时针跑。

● 网前练习：陪练者抛球到网前左右边线处，练习者不断地做上网—后退—再上网动作。

● 全场练习：陪练者向全场 4 个角抛球，练习者全场移动击球。

2．球性熟悉练习

(1) 捡球练习

用球拍从地上进行正手和反手捡球练习，多次重复。

(2) 颠球练习

用正手握拍法持拍，向上颠球，也可反手持拍颠球或交替用正、反手持拍向上颠球，保持动作的连续性。在颠球的同时，可以不断变换身体姿势，如站立颠球、边走边颠、坐着颠球、小跑颠球等。

(3) 抛接球练习

用球拍把球击到空中后，再用正手、反手持拍接球，反复练习。

(4) 对墙击球练习

练习者距墙 2 ~ 3 米，利用墙的反弹用正、反手击球，控制好抽挡的稳定性和质量。

(5) 2 人传球

2 人面对面相距 6 米左右，各持一把羽毛球拍，将对方平击过来的羽毛球用球拍接住后再还击给对方，以此方法循环练习。

三、羽毛球比赛规则简介

1. 挑边

比赛开始前，双方运动员应进行挑边，赢方可优先选择发球或选择场区。

2. 局数、得分和分数

每场比赛采取三局两胜制。比赛实行每球得分制，每赢一球得 1 分。率先得到 21 分的一方赢得当局比赛。如果双方比分打成 20∶20，一方须超过对方 2 分才能获胜。如果双方比分打成 29∶29，则率先得到第 30 分的一方获胜。首局获胜方在接下来的一局比赛中率先发球。

3. 交换场地

双方在比赛每一局结束后都应交换场地进行下一局的比赛。在决胜局中，任何一方先得 11 分时，双方再次交换场地进行余下的比赛。如果运动员未按规定换场地，一经发现，在死球后立即交换，已得比分有效。

4. 发球

① 一旦发球队员和接发球队员作好准备，任何一方都不得延误发球。发球开始后，发球员必须连续向前挥拍，直至将球发出，任何迟滞都是延误发球。

② 发球员和接发球员，应站在斜对角的发球区内，脚不得触及发球区和接发球区的界线。

③ 发球员的球拍，应首先击中球托。

④ 发球员的球拍击中球的瞬间，整个球应低于发球员的腰部。腰指的是发球员最低肋骨下缘的水平切线。

⑤ 双打比赛发球时，发球员和接发球员的同伴应在各自的场区内。其站位不限，但不得阻挡对方发球员或接发球员的视线。

5．单打

在比赛中，发球方的分数为 0 或双数时，双方运动员均应站在各自的右发球区发球或接发球；发球方的分数为单数时，双方运动员均应在各自的左发球区发球或接发球。1 个回合中，双方运动员在网的己方任何位置交替击球，直至成死球。发球方胜 1 个回合即得 1 分，并再从另一发球区发球；接发球方胜 1 个回合即得 1 分，随后成为新的发球方。

6．双打

在比赛中，当发球方的分数为 0 或双数时，双方均应从右发球区发球；当发球方的分数为单数时，双方均应从左半区发球。接发球员应是站在发球员斜对角发球区的运动员。1 个回合中，发球方的 1 人和接发球方的 1 人在网的己方任何位置交替击球，直至成死球。

7．违例

① 不合法发球，例如延迟发球、脚触及界限、击球点在腰以上部位等。

② 发球员在发球时未击中球，球过网后挂在网上或停在网顶。

③ 球触及天花板、运动员身体或衣服、场地外其他物体或人。

④ 比赛过程中球从网下或网孔穿过。

⑤ 比赛中，球碰到队员身体或衣服，球触及房顶或场地外的人或物体。

⑥ 比赛中，球员的球拍、身体或衣服碰到网或网柱；队员的脚或球拍由网下侵入对方场地，导致妨碍对方或分散对方注意力。

⑦ 一名队员 2 次挥拍连续 2 次击中球或同一方的 2 名队员连续各击中。

⑧ 击球时，球夹在或停滞在球拍上，紧接着被拖带抛出。

⑨ 阻挡对方紧靠球网的合法击球。

四、锻炼计划的制订范例

制订锻炼计划主要是为了提高锻炼效果，具有较强的科学性和目标性。应根据锻炼者身心特点安排不同的锻炼内容、方法手段。

羽毛球课外锻炼一周训练计划案例

日期	总时长	练习内容	注意事项
周一	60分钟	1. 球性练习：捡球、颠球、抛接球（10分钟）； 2. 脚步练习：原地练习（快速碎步跑；转髋大跨步辅助练习）左右两侧抢球练习（10分钟）； 3. 击球练习：按照要领，进行各种击球方法的无球挥拍练习、对角高远球的练习（15分钟）； 4. 发球练习：根据要领徒手挥拍，做各种发球动作的挥拍练习、对墙进行发球练习。（15分钟）； 5. 体能练习：10个×4波比跳、跳绳（10分钟）	1. 锻炼前做好准备活动； 2. 运动装备合身； 3. 运动过程中喝水少量多次，运动强度循序渐进； 4. 锻炼后做好放松活动； 5. 平时加强力量、速度、耐力锻炼； 6. 保持均衡的营养和充足的睡眠
周三	60分钟	1. 球性练习：跑动颠球、连续对墙击球（10分钟）； 2. 脚步练习：前后四点摸球、全场练习（10分钟）； 3. 发球练习：正手发球固定落点（10分钟）； 4. 击球练习：正、反手高远球（20分钟）； 5. 体能练习：跳绳、折返跑（10分钟）	
周五	60分钟	1. 脚步练习：前后四点摸球、网前练习（10分钟）； 2. 发球练习：反手发球固定落点（10分钟）； 3. 击球练习：正、反手高远球，搓球（10分钟）； 4. 教学比赛：（30分钟）	

锻炼频次为每周3次，每次锻炼时间为60分钟，每次锻炼前做好充分的准备活动，包括慢跑、跳绳、拉伸练习等。

第六节 健身健美技术与练习方法

现代健美运动起源于欧洲，19 世纪晚期，德国人尤金·山道首创了通过各种姿态来展示人体美，为现代健美运动的发展奠定了基础，他被公认为“国际健美运动的创始人”和“世界上第一位健美运动员”。最能鼓舞健身爱好者的是著名健美影星阿诺德·施瓦辛格，其获得 7 届“奥林匹亚先生”之后，凭借自己的天赋和完美的形体进军好莱坞，主演了一部又一部高质量的电影，且担任了 2 届加利福尼亚州的州长。

当代大学生思想和文化水平不断丰富和提升，对性别魅力有所追求，个人形体健美意识逐渐增强。形体包括体形和体态，体形主要是指全身各部位的比例是否匀称、协调、平衡、和谐，以及主要肌肉群是否具有优美的线条。体态主要是指整个身体及各主要部位的姿态是否端正优美。我国自古以来就很重视体态，强调一个人要站有站相，坐有坐相，俗话说“站如松、坐如钟”。如果长时间不注意体态端正，就可能影响某些骨骼的正常生长和发育，如脊柱的侧屈与过度前屈，影响体态美和身体健康。健美运动针对个体的需求与规划，通过科学的锻炼方法与技巧，促进身体骨骼、肌肉及各器官组织协调发展。

一、大学生健身健美锻炼计划的制订

1．大学生制订健身健美锻炼计划的依据和意义

制订锻炼计划是健身健美锻炼中十分重要的环节，目的是保证锻炼更具科学性，更符合客观实际，克服主观盲目性，并做到有步骤、有系统地进行。制订健身健美锻炼计划，首先，思想上要有一个整体的规划和设想，明确锻炼的目标和基本要求。其次，要根据自己的实际情况，全面分析自己参加健身健美锻炼的可行性，主要包括身体健康状况、身体素质条件、体型类别、个性特点、闲暇时间、生活水平等。最后，要落实锻炼的场地和器械。在制

订锻炼计划时，必须考虑锻炼的场地和器械条件。综合分析，我们才能制订出切实可行的锻炼计划。

2．制订锻炼计划的内容

锻炼计划包括：多年锻炼计划、年度锻炼计划、阶段锻炼计划、周锻炼计划、课锻炼计划。

在长周期的锻炼计划中，周锻炼计划和课锻炼计划对大学生最重要，对锻炼的效果起着直接的、决定性的作用，对多年、年度、阶段锻炼计划的锻炼指标和任务将产生重大影响。因此，必须认真、合理地制订好周锻炼计划和课锻炼计划。

周锻炼计划的主要内容包括：

① 每周锻炼的次数、时间、运动量的安排。

② 每次锻炼的方法、身体的部位、器械和动作的选择。

③ 周锻炼小结。

课锻炼计划，是根据周锻炼计划对一次锻炼的具体安排，内容主要包括：

① 本节课锻炼的任务及要求。

② 本课锻炼的身体部位和采用的锻炼方法、器械及动作。

③ 每个部位锻炼的时间分配和运动量的安排。

④ 确定每个锻炼动作的重量、次数、组数、强度和密度。

3．不同体质类型的特征和锻炼注意事项

任何身体的改善与修塑都要以现有的身体条件为基础。根据健身健美锻炼实施过程中的强度、量度、频率等合理安排的需要，分为瘦弱型体质、运动型体质以及肥胖型体质3 种。

（1）*瘦弱型体质*

主要特征：身体消瘦，肌肉型小无力、体脂较少；代谢能力好，运动时易疲劳，恢复能力差；力量能力差；肌肉体积和力量增长较慢。

锻炼注意事项：多做基本动作，少做孤立动作；提高锻炼强度；减少锻炼组数和次数；减少锻炼频率；减少有氧锻炼。

（2）*运动型体质*

主要特征：骨骼强健，肌肉发达，体脂较少；身体比例匀称；运动能力较强，恢复能力较快；通过适宜的力量负荷训练，肌肉体积和力量增长较快。

锻炼注意事项：基本动作和孤立动作混合练习，锻炼强度交替变换，提高锻炼组数和次数，合理安排锻炼频率，保持正常的有氧锻炼频率。

(3) 肥胖型体质

主要特征：体格粗壮，体脂较厚；新陈代谢较慢；肌肉和力量容易增加；减脂效果比较差。

锻炼注意事项：以有氧锻炼为主，基本动作和孤立动作混合练习；适度增加锻炼强度；合理安排锻炼组数和次数。合理安排锻炼频率；加大有氧锻炼频率。

使肌肉逐渐增加负荷，并让肌肉受到更强烈的训练是增强任何身体素质（力量、肌肉围度、耐久力等）的基础。例如，要增强力量，就必须使用较大的重量；若增加肌肉围度，不仅要采用越来越重的负荷，还要增加训练组数和每周的训练次数；例如，要增强局部肌肉的耐久力，就要逐渐减少组与组之间的间歇时间或增加训练组数和训练次数。循序渐进，超负荷训练是所有体型训练法的基础。

二、不同锻炼阶段的划分

人体在锻炼过程中，各器官系统具有适应性特征，在健康的前提下，逐步改善和提升，必须遵循安全性、循序渐进、全面发展、超量恢复和个性化原则。根据锻炼持续时间，将锻炼者分为初级、中级和高级3个阶段。

1. 初级阶段

一般指参加健美锻炼1~6个月的阶段。该阶段由于肌肉没有或很少受过重器械连续和强烈的刺激，肌肉及身体机能会出现明显的生理反应，肌纤维增粗和肌肉的生理横断面增大，肌肉的体积增长速度较快。

2. 中级阶段

此阶段指锻炼已有规律地持续锻炼了半年到一年半的时间。经过初级阶段的基础训练，锻炼者不仅已基本掌握动作的要领和方法，而且肌肉已有一定的增长。锻炼者根据自己的进步程度，逐步地增加训练的负荷量（组数、次数及重量)，由于肌肉具有适应性，该阶段肌肉体积的增长幅度已比初级阶段缓慢了，应该从分化、孤立的动作着手，加强局部刺激，突出肌肉线条，稳步达到预期的锻炼效果。

3．高级阶段

锻炼者已有规律地训练了一年半以上，甚至更长的时间。此阶段的主要任务是在巩固已获得的锻炼效果的基础上，进一步消减脂肪，优化肌肉线条，提高肌肉质量，在训练手段上对体格要进一步完善，对薄弱部位的肌群要重点强化，使体型更加完美。

三、健身健美主要训练法则（韦德法则）

伴随着大学生的成长和成熟，健身健美是科学而系统的周期性活动过程，在实践过程中，应遵循以下训练法则。

1．渐进性超负荷法则

增强任何健康素质的基础是使肌肉去担负比它已习惯的更重的工作，使肌肉承担不断增大的负荷。具体就是逐步提高重量与密度，但一定要有渐进性。

2．多组练习法则

对每个动作要进行多组训练，以使每一肌肉群都能彻底得到锻炼。

3．孤立锻炼法则

不同的肌肉群可以一起练或相对地各自单独分开训练。在完成动作过程中，每一块肌肉都有各自的用力特点，有的肌肉群是主要用力的，其他肌肉起着协同作用或相对关节的固定作用，或对抗作用。如果要最大限度地单独发展某一部位的肌肉，对要发展的肌肉部位，要尽可能不借助其他部位，使其单独承受负荷来集中刺激肌肉。

4．肌肉全面训练原则

要使肌肉不断地增长，就不能采用某种固定不变的锻炼方法。如果采用相同的动作、组数、次数和角度，就不能使肌肉获得全面的强度刺激以使肌肉增长。

5. 优先训练法则

对于身体的最弱部位或重点要加强的部位，优先安排在训练课的最前面，以保证训练质量。

6. 金字塔训练法则

肌肉纤维的增长与力量的增长是阻力训练的结果。理论上来讲，如果在一个动作中能用最大的重量做 8 次，并能做几组，那么对增长体围和力量有很大作用。但若没做热身活动就用大重量来练，会有潜在的危险，因此应从极小重量开始逐渐地增加负荷重量，如开始用 60% 最大重量做 15 次，然后再增加重量，试做 10 ~ 12 次，最后加重到 80%，最多做 5 ~ 6 次，会获得很好的效果，也可以避免受伤。

7. 分部练习法则

把人的身体分为两部或三部，对每部各采用更多的锻炼动作和组数，分别在不同的锻炼日来练习，以增加各部锻炼的强度。

8. 超级组法则

把起反作用的相对肌肉群接连到一起来练，当练习其中之一时，有利于另一部分肌肉群的疲劳消除，这符合神经功能的原理。

9. 复合组法则

把两个锻炼同一肌肉部位的动作接连进行，就称为复合组。

10. 静力紧张法则

就是当你在做一个动作时，不管是否使用重量，最后能静止不动，并保持 3 ~ 6 秒，这对增强神经对肌肉的控制很有好处。

11. “欺骗”法则

在做每一个动作时，按正确的姿势练到再也无力去做一次为止，然后采用不太规整的动作，或借助其他部位完成一两次。

12. 三合组法则

对同一肌肉部位接连做 3 个不同动作，其间不休息。

13. 先期疲劳法则

对不容易刺激的部位，采用先完成“孤立”动作，再做“基本”动作。

14．极限收缩法则

在动作做到肌肉收缩到最紧张位置时，保持一下这种收缩状态，这能使肌肉线条更明显。

15．“烧点”法则

当做完一组的最后一次时，再续做几次短而不完全的动作，有助于肌肉围度和血管的增长。

16．兼顾法则

把孤立动作和基本动作在一个锻炼课程内训练。

17．交错穿插法则

在组与组间隙之间，插入锻炼其他部位的动作，是充分利用时间的一种方法。

以上的韦德法则，是被称为冠军训练者的乔·韦德通过实践不断深化而总结的一套完整体系，是有针对性的对初、中、高各级训练阶段应该掌握的科学的健身方法进行归纳，简练而有效。

四、健身健美的主要目标部位与针对性学练动作

健美运动的基础和特点是抗阻性动作练习。下面列出主要肌群常见的训练动作（其有效程度用符号表示：“△”表示有效，“☆”表示无效，“*”表示欠安全）。

1．斜方肌

① 上举：（头部不应用力前移）哑铃上举△；杠铃上举△。

② 划船：直立划船*。

2．三角肌（中部纤维）

① 侧平举（臀部稍微收紧）：哑铃侧平举△，拉力侧平举△。

② 划船：直立划船*。

③ 推举：直立推举*，上斜板仰卧推举*。

3．三角肌（前部纤维）

① 前平举：哑铃前平举△；拉力条前平举△。

② 推举：哑铃推举△；器械（各有不同）推举△☆*；杠铃（腰椎过度

伸直）推举△；颈后推举△＊。

③ 划船：直立划船＊。

4．三角肌（后部纤维）

① 俯立飞鸟：哑铃俯立飞鸟△；拉力条俯立飞鸟△；器械俯立飞鸟△；划船器械（宽握）俯立飞鸟△。

俯立飞鸟

② 推举：直立推举，上斜板仰卧推举＊。

5．肱二头肌

弯举：哑铃弯举△；站立哑铃弯举△；坐立哑铃弯举△；上斜约70°哑铃弯举△；集中弯举△；杠铃弯举△；斜靠弯举（拉力条、杠铃、哑铃等视角度及所用的阻力）△☆；拉力条（仰卧、站立、交叉器械）弯举△；器械弯举△☆。

6．肱肌

反弯举：杠铃反弯举△；哑铃反弯举☆；拉力条反弯举☆。

7．肱桡肌

对握弯举：哑铃对握弯举△；平行把手对握弯举（拉力条、杠铃）△。

杠铃反弯举一

杠铃反弯举二

8．肱三头肌

① 下压：双臂宽握下压△；单臂下压△。

② 卧式臂屈伸：双臂（拉力条、杠铃、哑铃）卧式臂屈伸△；单臂（哑铃、拉力条）卧式臂屈伸△。

③ 头后臂屈伸：坐立头后臂屈伸△；站立（腰椎的考虑）头后臂屈伸△；双臂（杠铃、拉力条、哑铃）头后臂屈伸△；单臂哑铃或拉力条头后臂屈伸△；反握（对肌肉无影响）头后臂屈伸△☆。

④ 卧举：窄握卧举（于动作上部的部分幅度）△。

9．胸肌

① 卧推：哑铃推举（平卧，上斜30°）△；杠铃平卧举（上斜30°）△；平卧举（上斜30°）△。

② 扩胸：拉力条站立扩胸（或平卧，上斜30°，跪式）△。

③ 飞鸟：飞鸟（平卧，上斜30°平板铃飞鸟）△。

④ 弯举：下斜10°～15°哑铃，或杠铃弯举△☆。

⑤ 过顶拉：过顶拉（只供辅助）△☆。

⑥ 屈伸：双杠屈伸＊，负重胸肌臂屈伸＊。

⑦ 推举：器械推举△☆大；其他推举。

⑧ 夹胸：飞鸟式器械（视转轴而定）夹胸△；蝴蝶飞鸟器械（肩外旋转）夹胸＊。

飞鸟一

飞鸟二

10．腹直肌

① 静力：等长训练△。

② 卷曲：卷曲躯体△；拉力条卷曲躯体（跪地或站立）△；反卷曲躯体△。

③ 屈体：斜板屈体（视动作技巧）☆＊。

④ 起坐：全仰卧起坐△＊。

⑤ 举腿：双腿上举△＊。

11．腹内外斜肌

① 静力：等长训练△

② 卷曲或扭转：仰卧盆骨旋转△，卷曲躯体或扭转（膝或脚上举）△，拉力条卷曲躯体或扭转（跪地或站立）△；持棒坐体扭转（弹动性）☆＊。

③ 屈：向侧屈△＊。

12．上背肌

① 下拉：前下拉（宽握、窄握、直臂）△；颈后下拉＊。

② 划船：划船器的每一次划动都能让全身的肌肉参加，1 分钟间歇训练比其他时间更短的训练方式能燃烧更多的脂肪。拉力条（双臂，单臂）划船△；杠铃（正握或反握）划船△；哑铃（双臂，单臂）划船△；T 字杠划船

△；器械划船△☆。

③ 过顶拉：哑铃过顶拉△；器械（肩胛移动时的轴与盂肱关节不配合）过顶拉△☆。

13．竖脊肌

① 静力：等长训练△。

② 屈伸：超伸躯干△；器械上背屈伸△。

③ 硬拉：硬拉（竖脊肌等长收缩）△＊。

14．腘绳肌

① 腿弯举：器械拉力条或哑铃腿弯举△。

② 硬拉：直腿硬拉（维持正常脊柱前凸）△。

③ 伸：超伸躯干（集中于臀部）△；俯身背伸（杠铃所放的位置不当）＊。

15．股四头肌

① 屈伸：器械腿屈伸△。

② 举：腿举△

③ 蹲：滑动式负重斜架蹲起△；蹲起△＊；吊摆式蹲起△＊；踏凳或跨步△☆＊。

16．臀大肌

① 举：腿举△。

② 蹲：蹲起△。

③ 屈伸：拉力条髋屈伸（必须稳定脊柱）△☆＊。

17．内收及外展肌

内收及外展：拉力条内收及外展△；器械内收及外展△＊。

18．腓肠肌及比目鱼肌

① 提踵：站立器械举踵△；骡式举踵△。

② 举：腿举器械△

19．比目鱼肌

提踵：坐式器械提踵△。

20．腓侧肌

屈踝：橡皮带屈踝△。

21．胫前肌

屈踝：橡皮带屈踝△。

五、大学生健身健美课外课程范例

个人健身健美锻炼计划的制订，要突出个性化的特点，除了考虑个人身体状况外，还要综合考虑个人对器材的兴趣、健身房设施条件、季节气候条件、营养补充条件和自己课余时间情况等因素。

1．前三个月锻炼范例

初级锻炼前三个月课程示例

序号	动作名称	起始重量（KG）	第一个月组数	第一个月次数	第二个月组数	第二个月次数	第三个月组数	第三个月次数
1	平卧推举	15	1	8	2	6～8	2	7～9
2	平卧飞鸟	5	1	8	2	6～8	2	7～9
3	站立侧平举	2	1	8	2	6～8	2	7～9
4	颈后深蹲	15	1	8	2	6～8	2	7～9
5	杠铃俯立划船	10	1	8	2	6～8	2	7～9
6	斜板弯举	5	1	8	2	6～8	2	7～9
7	提铃至胸	10	1	8	2	6～8	2	7～9
8	站立推举	10	1	8	2	6～8	2	7～9
9	负重前平举	5	1	8	2	6～8	2	7～9
10	坐姿哑铃交替弯举	5	1	8	2	6～8	2	7～9

2．周锻炼范例

由于周计划和课时计划的制订和落实是其他计划实现的基础，下面以大学生周锻炼计划为例。锻炼目的是提高全身各部位肌肉力量；锻炼频次为每周3～4次，每次锻炼时间为90分钟，每次训练前做好充分的准备活动：慢跑、徒手操、小重量练习、拉升练习等。每组间隔1分钟，换动作间隔3分钟。

星期一：锻炼胸背肌、肱二头肌、肱三头肌。

第一个动作：平板杠铃卧推，4～6组，每组8～12个。

第二个动作：上斜哑铃卧推，4～6组，每组8～12个。

第三个动作：反卧拉力臂屈伸，4～6组，每组8～12个。

第四个动作：引体向上，4～6组，每组8～12个。

第五个动作：坐姿划船，4～6组，每组8～12个。

第六个动作：俯身臂屈伸，4～6组，每组8～12个。

第七个动作：站姿划船，4～6组，每组8～12个。

第八个动作：硬拉（自选重量），4～6组，每组8～12个。

星期三：锻炼三角肌、股后肌群。

第一个动作：站姿杠铃上举，4～6组，每组8～12个。

第二个动作：坐姿哑铃上举，4～6组，每组8～12个。

第三个动作：哑铃前平举，4～6组，每组8～12个。

第四个动作：平板杠铃卧推2组，每组12～15次，组间休息1分钟。

第五个动作：杠铃深蹲2组，每组12～15次，组间休息1分钟。

第六个动作：器械坐姿下拉2组，每组12～15次，组间休息1分钟。

第七个动作：仰卧卷腹2组，每组12～15次，组间休息1分钟。

第八个动作：俯卧抬腿2组，每组12～15次，组间休息1分钟。

星期五、星期日分别重复周一、周三内容。

3．注意事项

（1）树立安全意识

健美锻炼的器材一般都有一定的重量，锻炼前一定要认真做好准备活动，锻炼时注意检查器材安装得是否牢固，以防不测。锻炼时要注意重量是否适度，切勿做力不能及的练习。特别是使用杠铃等重器械时，要有人在旁保护。

(2) 及时放松和补充营养

锻炼后要及时进行静力拉升、按摩、热水洗浴等放松全身肌肉。适度的营养补充，会提高锻炼的效果，相反，则影响其成效。每次训练结束应补充足够的热能和优质蛋白质。

(3) 循序渐进、持之以恒

健身是一件长期艰苦的运动，只有坚定胜利的信心、做好吃苦的准备，以高昂的情绪积极进行科学的、有计划的、坚持不懈的锻炼，才能获得最后的成功。

第七节　大众健美操技术与练习方法

20 世纪 60 年代初是健美操的萌芽时期，其最早是由被称为“有氧运动之父”的美国太空总署的医生肯尼斯·库珀博士为太空人设计的体能训练内容。而 20 世纪 80 年代初，随着遍及全球的健身热和娱乐体育的发展，健美操以其强大的生命力风靡世界。健美操代表人——影视明星简·方达，撰写了《简·方达健身术》一书，促进了健美操在世界范围内的流行。大众健身健美操满足不同年龄层次、不同性别、不同心理锻炼者的生理特点及要求，普及性极强，是集体操、舞蹈、音乐、健身、娱乐于一体的体育项目。备受青年人喜爱的时尚健美操中大量吸收了迪斯科舞、爵士舞、霹雳舞中的上下肢、躯干、头颈和步伐，特别是髋部动作，增添了活力和审美度，同时也有利于减少臀部和腰腹部脂肪的堆积、增强核心区域的力量和耐力，有利于改善动作的协调性、灵活性及身体的平衡性。

一、健美操的基本动作与技术要点

1．健美操常用手形

在完成健美操动作时，手形的变化不仅可以使手臂的动作更加丰富多彩、生动活泼，表现出美感，还有助于加强动作的力量性。常用手形有以下几种：

（1）掌

① 分掌：五指用力分开，手腕保持一定的紧张程度。

② 合掌：五指并拢伸直。

③ 立掌：手掌用力上屈，五指自然弯曲。

另外还有西班牙舞手形、剑指、V 指、响指。

(2) 拳

① 实心拳：四指卷握，大拇指末关节压住食指、中指的第二关节。

② 空心拳：四指卷曲，大拇指末关节压住食指、中指的末关节，拳成空心状。

2．手臂基本动作及技术要点

(1) 手臂基本动作

手臂动作的变化既能使动作新颖、多样，又能改变动作的强度和难度，增强了动作的观赏性。

① 举：指以肩为轴，臂的活动范围不超过 180°且停止在某一部位的动作，包括单臂和双臂的前、后、侧以及不同方向的举，如前上举、侧上举等。

② 屈：指肘关节产生了一定的弯曲角度，包括胸前上屈、胸前平屈、肩侧屈、肩上侧屈、肩下侧屈、肩上前屈、腰间屈、头后屈。

胸前上屈

胸前平屈

肩侧屈

肩上侧屈

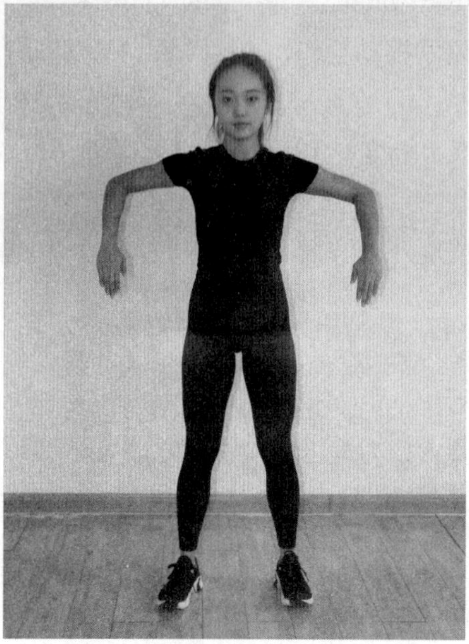

肩下侧屈

肩上前屈

腰间屈

头后屈

③ 绕：指双臂或单臂向内、外、前、后做 180° ~360°的弧形运动。

④ 绕环：指以肩关节为轴，双臂或单臂做向前、向后、向内的绕环。

⑤ 摆：指以肩关节带动手臂来完成臂的摆动动作，包括单臂和双臂同时摆动，或依次向前、后、左、右摆。

⑥ 振：指以肩为轴，手臂用力摆至最大幅度，包括上举后振、下举后振、侧举后振。

⑦ 旋：指以肩或肘为轴做臂的旋内或旋外动作。

(2) 技术要点

① 做臂的举或屈伸时，肩下沉。

② 做臂的摆动时，起与落要保持弧形。

③ 上体保持正直，位置准确，幅度要大，力量达身体最远端。

3. 下肢基本动作及技术要点

(1) 立

① 直立：指头颈、躯干和脚的纵轴保持在一条直线上。

② 开立：指两脚左右分开，与肩同宽或宽于肩。

③ 提踵立：指两脚跟提起，用前脚掌站立。

④ 点地立：指一腿直立（重心在站立脚上），另一腿向各方向伸直，脚尖点地，包括前点立、侧点立、后点立。

技术动作要求：站立时，头正直，上体保持挺直、沉肩、挺胸、收腹、收臀、立腰、立背、直膝。提踵立时，两腿内侧肌群用力收紧，立得越高越好。

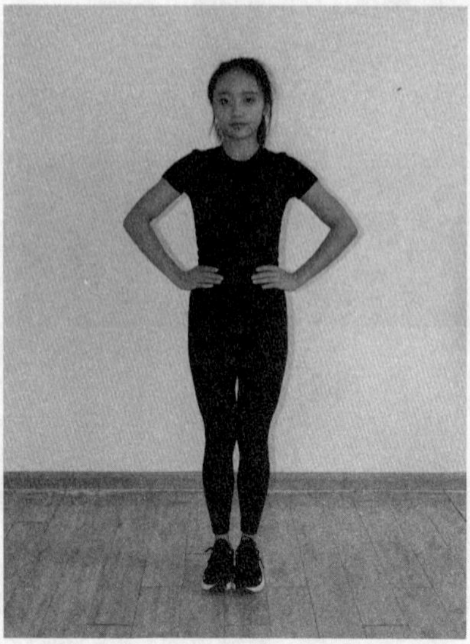

直立

开立

提踵立

前点地

侧点地

后点地

（2）弓步

指一腿向某方向迈出一步，膝关节弯曲成90°，膝关节与脚尖垂直，另一腿伸直，包括左、右腿的前、侧、后弓步。

技术动作要求：弓步时，前弓步和侧弓步的重心在两腿之间，后弓步的重心在后腿。

前弓步

侧弓步

后弓步

(3) 跪立

指大腿与小腿成直角的跪姿，包括双腿跪立、单腿跪立。

双腿跪立

单腿跪立

(4) 基本步伐

① 滚动步：两脚同时交替做由前脚尖至全掌依次落地动作。

② 交叉步：一脚向另一脚前或后交叉行进。

滚动步

交叉步

③ 跑跳步：两脚交替行进，跑后支撑阶段有一次跳的过程。

④ 并腿跳：双腿并拢，直膝或屈膝跳。

跑跳步

并腿跳

⑤ 侧摆腿跳：单腿跳起，同时另一腿向侧摆动。

动作技术要求：跳跃要轻松自如，有弹性，注意呼吸配合。

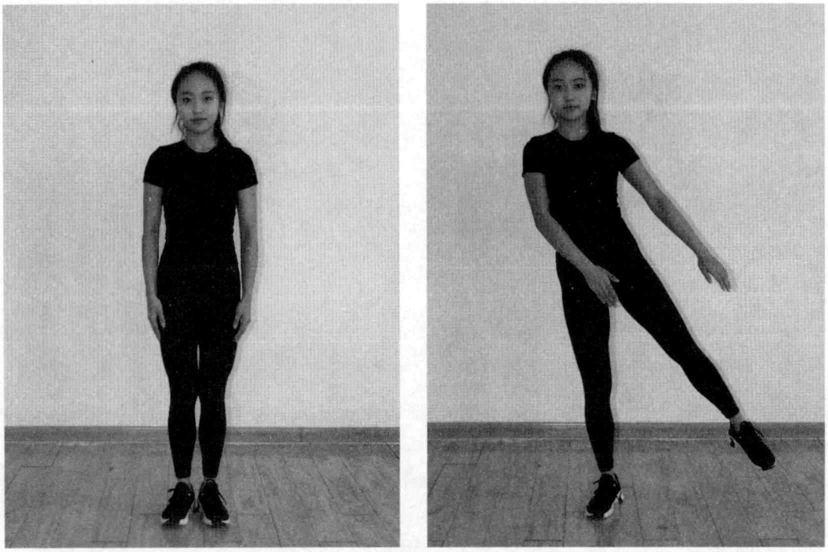

侧摆腿跳

（5）健美操规则规定的七个基本步伐与要点

① 踏步：两脚交替，不间断地做屈膝上提然后踏地的动作。包括脚尖不离地的踏步、脚离地的踏步、高抬腿的大幅度踏步。

要求：落地时，由脚尖过渡到脚跟着地；屈膝时，髋微收。两臂前后自然摆动。

② 吸腿跳：单腿跳起，同时另一腿屈膝向前、侧上提。

要求：大腿用力上提，小腿自然下垂。

③ 踢腿跳：单腿跳起，同时另一腿直腿向前，侧方向踢出，包括小幅度和大幅度的踢腿。

要求：踢腿时，须加速用力，上体保持挺直、立腰。

④ 后踢腿跳：两脚交替后踢，有短暂腾空过程（类似跑步），小腿向后。

要求：髋和膝在一条线上，小腿靠近大腿。

⑤ 弹踢腿跳：单腿跳起，同时另一腿经屈膝向前、侧方向弹踢。

要求：大腿抬起至一定角度后，小腿自然伸直，膝关节稍微用力。

后踢腿跳

侧弹踢腿跳一

侧弹踢腿跳二

⑥ 开合跳：并腿跳至开立，分腿跳至并立。

要求：分腿时，两腿自然外开，膝关节沿脚尖方向弯曲；跳起与落地时，屈膝缓冲。

开合跳一

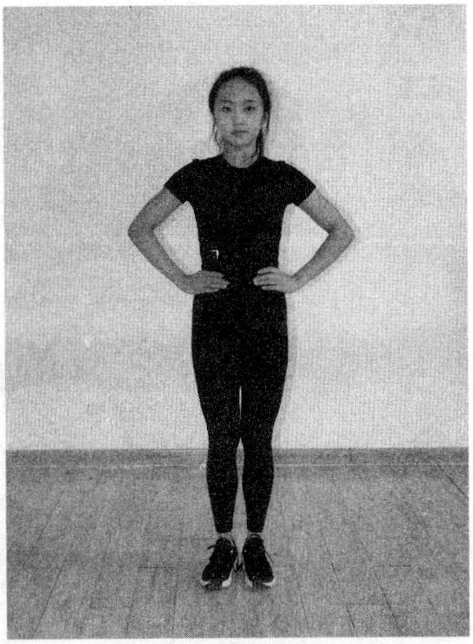

开合跳二

⑦ 弓步跳：并腿跳起，落地时成前、侧或后弓步。
要求：跳成弓步时，把握住身体重心。

弓步跳

4．健美操躯干动作及技术要点

健美操练习中，躯干部位通常起到稳定身体平衡的作用，特别是身体核心区域。

主要有头颈部进行的屈、转、绕、绕环等动作，肩部的提、沉、绕、绕环等动作，背部的手臂外展、上举、下拉动作，腰腹部的前屈、侧屈、屈髋、转腰等动作。

二、健美操音乐选配

“音乐是健美操的灵魂”，音乐的选择和运用是健美操必不可少的一部分。

1．乐曲的完整性

音乐应与动作融为一体，成套健美操的乐曲通常由前奏、主体和结尾 3 部分组成。音乐在运动中帮助运动员记忆动作，音乐为动作表现推波助澜。音乐中的每一个乐句、乐段和重音等都要与动作密切配合，使动作尽可能表达音乐的意蕴和情感。动感强烈的音乐会鼓舞练习者和欣赏者。

2．乐曲风格和速度的针对性

乐曲风格和速度在一定程度上决定了健美操的强度和运动量。健美操运动群体很宽泛，为了满足不同年龄和地域的练习者的需求，适宜的风格和速度是衡量运动是否科学的重要指标。心率为（220 - 年龄×70%）次/分钟是一般性身体锻炼指标，可以根据这一指标进行适度调整。健美操成套音乐速度一般为 24 拍/10 秒，低冲击力的步伐动作的音乐节拍为 21 ~ 24 拍/10 秒，高冲击力的为 25 ~ 26 拍/10 秒。

3．乐曲转换与成套动作的对称性和一致性

乐曲在乐段与乐段之间有明显的旋律转折，有其相对独立性和起、承、转、合的规律性。一个组合动作的长短应遵循乐句、乐节的规律，以乐句、乐节的长短为依据。健美操成套动作中的组合变化与队形变化应与音乐保持一致，体现创意，使听觉艺术和视觉艺术融为一体。

三、健美操创编

1．健美操动作创编

健美操动作创编应从多个方面入手，如动作的创新、动作方向的变化、动作的对称与不对称、动作的路线变化、动作连接的创新、队形路线的创新及难度创新等。

创编应遵循科学性原则，遵循人体运动的生理解剖规律，运动的负荷应由小到大，动作由简到繁，强度由弱到强。当达到一定运动负荷后，应保持一段时间再逐渐减小运动量，使心率变化由低到高，呈波浪形地逐渐上升，然后再逐渐恢复到平静状态，从而使心血管系统、呼吸系统、消化系统和内脏器官功能都得到改善和提高。

创编应遵循全身性原则，尽可能地充分调动整个身体，同时通过对称与不对称动作编排，促进身体的全面运动。

创编应遵循动作风格与音乐的统一性原则。音乐是健美操的灵魂，选配的好坏直接影响创编成功与否。现代健美操风格各异、形式多样，如爵士健美操、拉丁健美操、搏击健美操、踏板健美操、形体健美操等，编排时动作应与相应的音乐风格匹配，具有时代特点，更好地展示健美操的艺术性和新颖性。

2．健美操造型设计

健美操造型以美的外在观感呈现。效果由单个动作元素美和整体结构美组合而成。单个动作造型躯干挺拔、肢体伸展，恰如其分地展示肌肉的丰满和线条美，给人以健美舒展、有力度的视觉感受。多人组合造型要体现出结构的均衡、对称及节奏的变化，包含着高低、正反、疏密、主次的对比，遵循统一多样的形式美法则。另外，竞技健美操和表演健美操的造型要与表达的主题相一致，这赋予健美操更丰富的艺术内涵。动作设计更应严格遵循艺术性原则，注重风格前后统一，吸收其他舞蹈动作为己用的同时保持自己鲜明的风格特征。

健美操造型归类表

单人造型	双人造型	三人造型	多人造型
低姿造型	高低姿造型	同类变化造型	中心型造型
中姿造型	正反型造型	异类组合造型	同向型造型
高姿造型	技巧类造型	技巧类造型	呼应型造型

3．健美操队形设计

丰富多彩的队形和巧妙、流畅的队形变化使健美操更具观赏性。队形设计要遵从构图清晰、丰富新颖、对比鲜明、变化流畅等艺术特色。

四、全国健美操大众锻炼标准

1．大众锻炼标准的级别判定

在国家大力推行全民健身的政策背景下，国家体育总局先后颁布了多套《全国健美操大众锻炼标准》规定动作。第一套规定动作于 1998 年 9 月正式向全国推广。中国健美操协会对《全国健美操大众锻炼标准》1 ~ 6 级规定动作进行了重新编排，并于 2004 年 1 月 1 日起在全国推广。大众健美操简单易学，健身效果好，无特别的场地、器材要求，易于开展、普及和测试，具有较强的可操作性。大学生可以根据自己的目标和需求，选择不同的级别进行实践。

大众健美操的级别判定要求表

级别	一级	二级	三级	四级	五级	六级
动作速度	20 拍/10 秒	22 拍/10 秒	22 拍/10 秒	24 拍/10 秒	24 拍/10 秒	26 拍/10 秒
动作时间	4 分 30 秒 ±5 秒	4 分 30 秒 ±5 秒	5 分 ±5 秒	5 分 ±5 秒	4 分 ±5 秒	3 分 30 秒 ±5 秒
动作要求	动作基本正确，有一定的协调性，成套动作连贯，动作与音乐基本协调	动作基本正确，身体姿态与协调性较好，成套动作连贯，动作与音乐协调	动作技术基本正确，身体姿态与协调性较好，成套动作连贯，动作与音乐协调一致，表现出一定的动作力度	动作技术基本正确，身体姿态好，动作协调轻松、自然流畅，有一定的动作力度，较好地体现出音乐的情绪	动作技术准确，身体姿态好，动作轻松协调、自然流畅，较好地体现出音乐的情绪，并表现出一定的激情	动作技术准确，身体姿态好，动作规范、协调、轻松、有力度，能体现出音乐的情绪，并初步形成个人的风格
达标成绩	5 分以上	5 分以上	5 分以上	5 分以上	5 分以上	5 分以上

2.《全国健美操大众锻炼标准》的设计原则

（1）安全原则

大众健美操的锻炼目的是增强体质、增进健康、塑造美的形体，并形成良好的心理状态。因此，在选择动作时，注意避免使用高难度动作和超负荷动作，以及运动范围过大的动作，以确保安全。另外，健美操又被称为“有氧体操”，是众多有氧运动的一种，因此在《全国健美操大众锻炼标准》的创编过程中应充分考虑“有氧”的因素，注意在运动过程中始终保持运动负荷在有氧的范围内。通过多种组合练习，以提高心肺功能。

（2）普适原则

《全国健美操大众锻炼标准》的实施对象是广大群众，推广此标准的目的是让更多的人参与到健美操运动中来，并在锻炼的同时，掌握相关的健美操知识、基本技术与风格特点，从而推动健美操运动的发展。因此，在动作的选择上注重简单易学和实效性，使之便于开展和普及。

（3）循序渐进原则

标准的各等级之间保持有机的联系，在保证合理的运动负荷的基础上，运动量和难度逐渐加大。动作由简至繁，幅度由小至大，速度由慢至快，练习步骤由分解至完整。

（4）全面发展原则

根据不同等级的任务和技术要求，通过基本动作、组合动作和力量素质的练习，提高人体的力量、柔韧性、协调性、灵敏度等基本素质和基本能力。

3.各级别适宜对象与要求

（1）1级为入门，面向大众

学习和了解健美操的常识，练习以单一、原地步伐动作为主的基本动作，进行低强度的有氧训练，素质训练以辅助支撑的俯卧撑、低强度的仰卧起坐和低负重的力量练习为主。

（2）2、3级为初级，面向有意向参加健美操锻炼者

学习健美操典型动作，以下肢单动作配合上肢简单动作为主，保持中低强度有氧训练，素质训练以上肢、腰、腹、臀部的力量和弓步及身体各部位拉伸练习为主。

（3）4、5级为中级，面向健美操爱好者

学习健美操复合动作及简单的步伐变换技术及跳跃技术；提高身体的协调性；加强运动负荷，保持中等强度的有氧训练；素质训练以塑造形体为主，采取增强柔韧性的练习方法。

（4）6级为高级，面向有意于健美操深造及准备进入竞技健美操训练者

掌握复合动作的变化规律，巩固已掌握的步伐变换技术及跳跃技术；提高动作的表现力；加大运动负荷，以中等强度的有氧训练为主，达到减脂的目的；提高肌肉力量，并进一步塑造形态，加大动作的空间位移，展现良好的协调性。

4．评价标准

（1）动作的正确性

身体姿态要舒展，动作技术要正确，动作范围要适当。

（2）身体的协调性

全身协调运动；动作轻松、有弹性；动作清晰，无多余动作；动作避免过分松弛或过分紧张。

（3）连接动作的流畅性

动作之间的连接要自然、流畅；动作的转换及方向的变化要干净利落，无多余动作。

（4）节奏感

动作要充分表现音乐情绪，动作和音乐节奏要配合协调，一连串动作的节奏要准确。

（5）表现力

动作要展示内心的激情，体现一种健康、向上的情绪，充满朝气和活力，展示个人风格。

五、身体素质组合练习实践

随着时代发展，现代瑜伽体式已成为大众化的健身手段之一。组合练习比单个体式练习更适合时代发展的需求：一是很多单个体式的练习会造成负面压力，长时间保持甚至会造成伤害，而科学的组合练习可以使后面体式缓

解前一个体式的练习压力，避免局部受伤；二是后一体式可更好地进阶前一体式，增强练习的综合效果。

1．组合一：增强腿部、臀部力量和柔韧性

山式站立—三角伸展式—战士一式—战士二式—侧角伸展式—开腿前伸式—开腿侧弯式—坐广角式—直角式—下犬式—骑马式—单腿前屈式—坐立夹角式—摊尸放松式。

山式站立

三角伸展式

战士一式

战士二式

侧角伸展式

坐广角一式

开腿侧身式

坐广角二式

2．组合二：提高腰腹背力量

仰卧（调息）—蹬自行车式—排毒式—韦史努式—人面狮身式—大拜式—眼镜蛇式—半蝗虫式—蝗虫式—婴儿式放松。

蹬自行车式

排毒式

韦史努式

人面狮身式

大拜式

眼镜蛇式

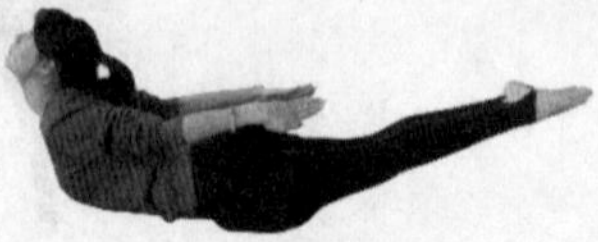

蝗虫式

婴儿放松式

3．组合三：扩展胸腔，修塑手臂

跪坐（调息）—跪坐美胸式—跪坐鹫变化式—牛面式—细臂式—展翅式（前、左、右）—大拜式—骆驼式—八体投地式—动物放松式。

跪坐美胸式

跪坐鹫变化式

牛面式

细臂式

展翅式

八体投地式

4．组合四：提高平衡能力

山式站立—简化树式—树式—鸟王式—幻椅式—舞王式—大三角式—大三角加强式—半月式—战士一式—战士三式—斜板式—肩肘倒立—仰卧放松式。

简化树式

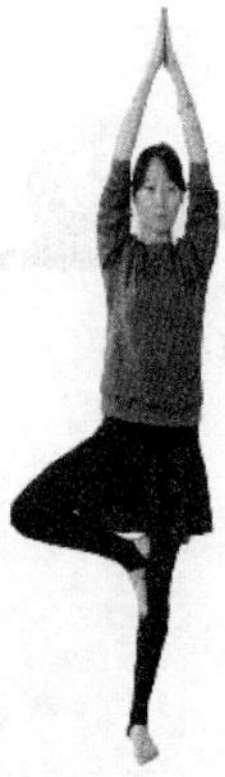

树式

鸟王式

幻椅式

舞王式

半月式

5．组合五：缓解疲劳，身心放松

站立前弯式—站立前弯变化式（上体左右摆动）—铲斗式—仰卧蝴蝶式—仰卧单腿屈膝摆动式—手抱头双肩左右摆动式—摊尸式。

站立前弯式

站立前弯变化式

铲斗式

仰卧单腿屈膝摆动式

手抱头双肩左右摆动式

第八节　中国传统健身运动方式

中国传统健身运动方式包括武术、气功等，具体活动形式有太极拳（剑）、木兰拳（剑）、武术套路、五禽戏、八段锦、易筋经、六字诀等。中国传统健身方式动作平缓，柔中带刚，强调意念呼吸与身体活动相结合，具有独特的健身养生效果。以提高身体平衡能力、柔韧性、协调性，改善心肺功能和调节心理状态为主要健身目标的人，可以选择中国传统健身运动方式。

一、中国传统健身运动文化内涵

中国传统健身运动历来注重平衡、结合与统一，与西方体育相比表现了更大的内倾性。所谓的“内”，主要指心、神、意、气等内在的心理品质；所谓的“外”，主要指手、眼、身、步等外在的形体动作。俗话说“外练筋骨皮，内练一口气”，这句话具有极丰富的内涵。长拳中要求“手、眼、身法、步”，“精、气、力、功”内外四法相结合；太极拳中的“心与意和、意与气和、气与力和”等，都是要求个体与整体、内在与外在和谐的具体体现。

传统健身运动套路内倾性特点的形成，主要是受中国传统的“天人合一”“顺应自然”哲学思想和中医学“阴阳平衡”理论的影响。“天人合一”给中国传统哲学带来了一系列的“合一”，如形神合一、内外合一、主客合一等。中国传统哲学的整体观是武术练功的指导思想，而传统中医的基础理论则是武术训练的生理学依据。中医常用“精气神”来判断人体的健康状况，精盈则气盛，气盛则神全，神全则身健。武术练功依照这一规律，通过各种方法来促进精、气、神的转化，并提出了“练精化气，练气化神，练神还虚”的理论。可见传统文化的影响，正是中国传统健身运动的民族特色之所在。

二、武术套路

武术套路是含有技击和攻防含义的动作组合，是以技击动作为素材，以攻守进退、动静疾徐、刚柔虚实等矛盾运动的变化规律创编的整套练习形式，又被称为“套路运动”。中国武术各家各派都有表现自己门派特色的许多套路，而且套路多是循序渐进的。武术套路是我国特有的传统体育项目，具有极其广泛的群众基础，是中国人民在长期的社会实践中不断积累和丰富起来的，是中华民族文化中的瑰丽珍宝。它既有健身作用，又有技击性能，并且内容丰富、形式多样，对丰富人们的业余文化生活有重要意义。新中国成立后，武术成为最广泛、最普及的运动项目之一，得到了蓬勃而健康的发展。同时，武术已风靡全世界，被世界人民所喜爱。

1．基本功练习方法

(1) 腿功

① 正压腿。面对一定高度的物体，左脚跟放在练习台上，脚尖勾起，两腿伸直，两手扶按在左膝上，或用两手抓握左脚，然后上体立腰向前下方振压，头顶尽量触及脚尖。两腿交替进行。

学练要点：两腿伸直，立腰挺胸前压。

② 侧压腿。右腿支撑站立，左脚从体侧放到一定高度的练习台上，脚尖勾起，右臂上举，左臂置于体前，两腿伸直，腰部挺立，上体向左侧下振压，振压幅度要逐渐加大，直到上体能侧倒在左腿上。两腿交替进行。

学练要点：两腿伸直，开髋、立腰、挺胸，上体完全侧倒。

③ 后压腿。背对一定高度的练习台，两手叉腰，右腿支撑站立，左腿后伸，脚背放到练习台上，两腿伸直，上体向后下振压，并逐渐加大振压幅度。两腿交替进行。

学练要点：两腿伸直，立腰、挺胸，头随上体后仰。

④ 仆步压腿。右腿屈膝全蹲，全脚着地；左腿向左侧伸直，脚尖内扣；两手分别抓住两脚脚背，成左仆步；腰部挺直，左转前压。两腿交替进行。

学练要点：直腰抬头，一腿全蹲，另一腿伸直，两脚压紧地面。

⑤ 正搬腿。右腿伸直支撑，左腿屈膝提起，左手扶膝，右手抓住左脚，

然后将左脚向前方伸出，直至膝关节挺直，左脚外侧朝前。两腿交替进行。

学练要点：两腿伸直，立腰、挺胸，被搬腿的脚尖勾紧。

⑥ 侧搬腿。左腿伸直支撑，右腿从体侧抬起，右手经右小腿内侧绕脚后抱住右脚跟，将右腿伸直，脚尖勾紧。两腿交替进行。

学练要点：两腿伸直，立腰、挺胸，身体直立平稳。

⑦ 竖叉。两腿伸直前后叉开成直线。左腿后侧着地，脚尖上翘；右腿前侧着地，脚背扣在地上，两臂立掌侧平举。两腿交替进行。

学练要点：立腰挺胸，沉髋挺膝。

⑧ 劈横叉。两腿伸直向左右两侧叉开下坐成直线，两腿内侧着地，两臂立掌侧平举。

学练要点：髋关节完全打开，立腰挺胸。

（2）腰功

① 前俯腰。并步站立，两手十指交叉，直臂上举，手心向上；上体前俯，挺胸、塌腰，两手尽力触地。再两手松开，用两手绕过双腿，抱住两脚跟部，尽量使自己的上体、脸部贴紧双腿。

学练要点：两腿挺膝伸直，上体前俯时，挺胸、塌腰、收髋。

② 甩腰。两脚开立，双臂伸直前举，以腰为轴，上体做前后屈和甩腰动作，两臂也随之甩动。

学练要点：两腿伸直，腰部放松，后甩时抬头挺胸，甩腰动作紧凑而有弹性。

③ 涮腰。两脚开立，略宽于肩，上体前俯，以髋关节为轴，两臂向左前下方伸出。然后挥动两臂，随上体向前、向右、向后、再向左做翻转绕环。左右涮腰交替进行。

学练要点：两腿伸直，以腰为轴，翻转绕环圆活、和顺。

④ 下腰。两脚开立，与肩同宽，两臂伸直上举；腰向后弯，抬头、挺腰，双手撑地，身体呈桥形。

学练要点：两脚支撑站稳，膝关节尽量挺直，腰部后弯上顶，脚跟不能离地

（3）肩功

① 压肩。面对一定高度的练习台，两脚开立，与肩同宽，上体前俯，两

手抓住横杆，抬头挺胸，塌腰，用力向下振压。

学练要点：两腿伸直，肩部松沉，用力振动，力点集中于肩部。

② 单臂绕环。左弓步站立，左手扶按左膝，右臂以肩为轴做直臂的顺、逆时针绕环。两臂交替进行。

学练要点：臂伸直，肩放松，绕立圆。

③ 双臂绕环。开步站立，以肩关节为轴，两臂分别向前和向后做直臂绕环。顺、逆时针绕环交替进行。

学练要点：身体正直，臂伸直，肩放松，绕环协调和顺。

④ 两臂交叉绕环。开步站立，两臂直臂上举，左臂以左肩关节为轴，向前下做顺时针绕环；同时，右臂以右肩关节为轴，向后下做逆时针绕环。两臂顺时针、逆时针交替进行。

学练要点：身体正直，两臂伸直，绕环协调和顺。

2．武术套路的要素与锻炼方法

武术套路是武术单个动作组合的一种表现形式，其具有观赏性、健身性、实战性等特点，主要由 8 个要素组成：架式结构、方向路线、时间、速率、速度、力量、停歇顿挫的节奏和攻防意识。

（1）姿势准确练习

首先基本形态要做好，确定自己所练套路的手型、步型、身型的规格要求，先做单式的定型练习，每个形态一次可定型 2 分钟左右。

（2）动作单练

把套路中的拳法、腿法、肘法、膝法等动作拆分出来单独反复练习，掌握其动作要领和发力方法，加强肌肉记忆。

（3）分段练习

单独训练套路中的一段或多段，加强其连贯性、节奏感。

（4）完整套路练习

完成熟练的单式和分段的练习后，进行完整套路练习，主要是处理好节奏和体力的分配，使整套动作看起来刚柔相济、快慢相间，起落摆扣具有韵律美感。

（5）身体素质练习

通过站桩、踢腿、蛙跳、俯卧撑、打靶等身体素质训练来提高武术基本功，使套路的演练更具美感和实战性。

身体素质训练可以穿插到以上训练中，也可以列出来单独训练，根据自身的需求而定。

3．初级长拳（第三路）

在我国悠久的历史长河中，武术套路种类繁多，各有千秋。初学者多练习三路长拳，三路长拳具有简单易学、锻炼效果显著等优点，动作舒展、优美大方、节奏分明，适合各年龄段的武术爱好者，尤其适合年轻的武术爱好者。动作名称如下：

① 预备势：虚步亮掌→并步对拳。

② 第一段：弓步冲拳→弹腿冲拳→马步冲拳→弓步冲拳→弹腿冲拳→大跃步前穿→弓步击掌→马步架掌。

③ 第二段：虚步栽拳→提膝穿掌→仆步穿掌→虚步挑掌→马步击掌→叉步双摆掌→弓步击掌→转身踢腿马步盘肘。

④ 第三段：歇步抡砸拳→仆步亮拳→弓步劈拳→换跳步弓步冲拳→马步冲拳→弓步下冲掌→叉步亮掌侧踹腿→虚步挑掌。

⑤ 第四段：弓步顶肘→转身左拍脚→右拍脚→腾空飞脚→歇步下冲拳→仆步抡劈拳→提膝挑掌→提膝劈掌弓步冲拳。

⑥ 结束动作：虚步亮掌→并步对掌→并步站立。

三、散打

散打是相对于武术套路而言的，是两人按照一定的规则，运用武术中的踢、打、摔等攻防技法制胜对方、徒手对抗的现代竞技体育项目。散打运动的基本技术包括拳法、腿法、摔法以及与上述技术相适应的步法、步型、身法等技术。

1．实战姿势

动作要领：以左实战姿势为例，侧身站立，两腿微屈，两脚的宽度与肩差不多，左脚尖、左膝微内扣，重心在两脚的前脚掌上；两臂抬起，两手半握拳，两大臂收紧护住肋骨，右手护头，眼睛平视前方，下颌微收。

2．散打的步法与练习方法

步法技术包括滑步（前滑步、后滑步、左滑步、右滑步）、上步、撤步、调换步、盖步、单跳步等，其中滑步是散打比赛中运用非常多的步法。

（1）滑步技术

① 前滑步：以左实战姿势为例，右脚蹬地，左脚向前迈半步，脚掌先落地。

② 后滑步：实战姿势站立，左脚蹬地，右脚后撤半步，左脚随后跟半步，动作完成后成实战姿势。

③ 左滑步：左滑步又叫左闪步，实战姿势站立，右脚蹬地，左脚向左侧横向滑动（20～30 厘米），随后右脚向左侧横向滑动，动作完成后成实战姿势。

④ 右滑步：右滑步又叫右闪步，实战姿势站立，左脚蹬地，右脚向右侧横向滑动（20～30 厘米），随后左脚向右侧横向滑动，动作完成后成实战姿势。

（2）步法练习方法

① 由易到繁练习：初学时应先练单个步法动作，在熟练的基础上将所学步法随意组合，步法数量由少到多进行练习。

② 攻防练习：两人保持实战距离，一方逼近对方，迫使对方摆脱或互相进攻练习。

③ 反应练习：规定口令“1、2、3、4”分别做前滑步、后滑步、左滑步、右滑步。根据口令数字，练习者做相应的步法练习，以此提高反应能力。

3．散打的拳法与练习方法

散打常用的拳法有直拳、摆拳、勾拳、鞭拳等。

（1）拳法技术

① 直拳。直拳分为左直拳和右直拳，属于直线型攻击（向前直线击打）的拳法。

动作要领：左直拳又叫刺拳，实战姿势站立，右脚蹬地，部分重心前移至左脚，以髋关节带动肩，以肩带动手臂，左前臂内旋、顺肩，迅速向前直线击出，继续保留，右手臂保持不变，击打完后快速收回手臂并成实战姿势。右直拳动作相反。

② 摆拳。摆拳也叫掼拳，由外向内横向击打对方侧面的拳法。

动作要领：实战姿势站立，右脚蹬地，左脚跟微外转，重心前移至左脚，身体向右转，以腰带臂，肘关节抬起，与肩齐平，由外向内弧线击打，力达拳面，左肘关节弯曲度是 110°～120°，完成动作后迅速收回。右摆拳动作相反。

③ 勾拳。勾拳也叫抄拳，分左勾拳和右勾拳，屈肘由下向上的拳法。

左勾拳动作要领：实战姿势站立，上体微向左下转动，重心略下降，两脚同时蹬地，带动腰向内、向上挺出，左手拳借腰的力量由下向上抄起，同时小臂内旋，使拳心对着自己，当挺腰时，两腿膝盖基本挺直，马上制动并短促发力使力达拳面，完成动作后迅速成实战姿势。右勾拳动作相反。

④ 鞭拳。鞭拳是用拳背和小臂外侧部位击打对方的拳法。

左鞭拳动作要领：实战姿势站立，右脚向前上步，同时身体向左后方转体，右脚落地继续转体，左脚经右脚向后方插步，以转体带腰，腰带肩、带臂向实战姿势方向鞭打。右鞭拳动作相反。

（2）拳法的练习方法

① 规范动作要领，牢记发力顺序。正确的动作是提高竞技水平的基础，合理的发力是提高拳法杀伤力的有效手段。反复练习各种拳法，在熟练的基础上进行组合拳练习。

② 速度练习。采用由重到轻的负重训练，阻力的降低，对于提高动作速度有着良好的实效。如采用手持哑铃进行冲拳练习，3～5 组后徒手进行空击。

③ 力量练习。有条件的情况下可去健身房进行卧推杠铃，重量由轻到重、再到轻，直到推不动。也可利用学校的室外健身器材进行力量练习，比如俯卧撑、单杠、双杠等。

④ 实战练习。想要快速提高拳法的速度、力点、方法、力量，离不开实战练习；实战练习有助于练习者感受实战氛围，对拳法的运用有着事半功倍的效果。

4．腿法技术与练习方法

腿法技术主要包括鞭腿、侧踹腿、正蹬腿、后蹬腿、转身摆腿、扫腿、劈腿、勾踢、截腿等。

（1）腿法技术

① 鞭腿。左鞭腿的动作要领：实战姿势站立，重心移到右腿，左腿屈膝抬起，右前脚掌顺时针旋转，带动左大、小腿水平折叠，右前脚掌继续旋转，带动左小腿由外向前弧线型弹踢，力达脚步。右鞭腿方向相反。

② 侧踹腿。左侧踹腿动作要领：实战姿势站立，重心移到右腿，左腿屈膝抬起，右前脚掌顺时针旋转，带动左大、小腿水平折叠，右前脚掌继续旋转，带动左大、小腿猛力伸直，力达脚跟。右侧踹腿动作相反。

③ 正蹬腿。左腿正蹬动作要领：实战姿势站立，重心移到右腿，左腿屈膝抬起，脚掌朝向正前方，送髋带动左腿由屈到伸迅速向前蹬出，力达脚掌。右腿正蹬动作相反。

（2）腿法技术的练习方法

① 分解练习。腿法相比拳法，有一定的难度。在学习鞭腿时，可先进行提膝和转体练习，然后再配合弹腿练习，最后进行完整动作练习；鞭腿击靶时，先练习低鞭腿击靶，再进行中鞭腿击靶、高鞭腿击靶。

② 扶持式练习。开始锻炼腿法时可扶着单杠、双杠等做腿法动作。在寝室可以扶着桌子、床等进行腿法练习，只强调动作规格，不要求力量和速度，直到动作熟练后脱离扶持物，再加快速度完整练习。

③ 增强柔韧性练习。腿法动作要求腿部韧带相对较好，可以原地或借用器具进行各个方向的压腿练习。

5．摔法

摔法技术包括接腿摔和近身摔。接腿摔技术有抱腿勾踢、抱腿上托、搂腿冲拳勾踢、涮腿摔、接腿过肩摔等。近身摔技术有抱腿前顶摔、插肩过背摔、夹颈过背摔、抱腿过肩摔、穿臂过背摔等。

（1）摔法技术

① 抱腿前顶摔：突然向前滑步并下潜身体，双手抱住对方膝窝处向回拉，同时左肩前顶将对方摔倒。

② 抱腿勾踢：对方用侧踹或鞭腿进攻腹部或胸部时，抱住进攻腿猛抬，同时一脚上步，另一脚勾住对方另只脚脚踝上部，使对方摔倒。

③ 抱腿上托：对方使用正蹬腿进攻时，双手快速接住进攻腿，并向前上方抬腿，使对方倒地。

（2）摔法技术的练习方法

① 单个动作练习。假想对手进攻，利用摔法进行反击；反复练习，熟练掌握各种摔法的动作技巧。

② 喂“靶”练习。两人一组，一人进攻假动作，另一人利用某一摔法进行反复练习。

6．防守

防守技术包括接触性防守（推拍防守、格架防守、挂挡防守、抱抄防守、阻挡防守等）、闪躲性防守（撤步、后闪、下潜等）、防摔技术（推阻法、击打法）等。

（1）防守技术

① 推拍防守：对方使用右直拳攻击时，防守者以左肘关节为轴，以手掌心为力点向里横向推拍；对方使用左鞭腿攻击时，防守者使用向外推拍防守。

② 格架防守：对方用左鞭腿或右鞭腿攻击头颈部时，防守者迅速向斜上方抬右肘或左肘。

③ 挂挡防守：用于防守攻击胸部或腹部的直线型（正蹬腿、侧踹腿）或弧线型（鞭腿）腿法技术；对方进攻时，身体微右转，同时左臂由实战姿势迅速向下向外挂防。

④ 抱抄防守：对方使用中鞭腿进攻躯干时，防守者右手护头的同时迅速向外拍压，左手由下向上接抱对方进攻腿，接抱时双手同时用力锁扣。

（2）防守技术的练习方法

① 喂引练习：对手反复使用某一动作进攻，动作由慢到快，这样反复练习形成肌肉记忆，使防守技术达到自动化。

② 实战练习：在熟练掌握动作后，对手利用各种进攻手段进攻，防守者只做相应的防守动作，这对快速掌握防守技术有显著效果。

四、太极拳

太极拳属武术一大拳系，集拳理、医理和哲理于一身，有着深厚的文化底蕴，具有“以柔克刚，以静待动，以圆化直，以小胜大，以弱胜强”的特点。由于拳法变幻无穷，遂用中国古代的“阴阳”“太极”这一哲学理论来解释拳理，并命名为太极拳。“太极”一词出自《周易》：“易有太极，是生两仪。”“太”就是大的意思，“极”就是开始或顶点的意思，意即“太极”是产生万物的本源，含有至高、至极、绝对、唯一之意。拳术和太极说的结合，逐步形成了太极拳术。如今太极拳是国家非物质文化遗产，于 2020 年 12 月列入联合国教科文组织人类非物质文化遗产代表作名录。

二十四式简化太极拳也叫简化太极拳，是国家本着弘扬国粹、发扬传统武术的指导思想，由国家体委（现为国家体育总局）于 1956 年组织太极拳专家以二十四式太极拳为基础，并汲取杨氏太极拳之精华创编而成的。虽然它只有24个动作，但相比传统的太极拳套路，其内容更显精练，动作更显规范，并且也能充分体现太极拳的运动特点。

1．二十四式太极拳套路的名称和练习口令

(1) 起势

两脚开立，两臂前举，屈膝按掌。

(2) 左右野马分鬃

① 收脚抱球，左转出步，弓步分手。

② 后坐撇脚，跟步抱球，右转出步，弓步分手。

③ 后坐撇脚，跟步抱球，左转出步，弓步分手。

(3) 白鹤亮翅

跟半步胸前抱球，后坐举臂，虚步分手。

(4) 搂膝拗步

① 左转落手，右转收脚举臂，出步屈肘，弓步搂推。

② 后坐撇脚，跟步举臂，出步屈肘，弓步搂推。

③ 后坐撇脚，跟步举臂，出步屈肘，弓步搂推。

(5) 手挥琵琶

跟步展手，后坐挑掌，虚步合臂。

(6) 倒卷肱

两手展开，提膝屈肘，撤步错手，后坐推掌。(重复三次)

(7) 左揽雀尾

右转收脚抱球，左转出步，弓步棚臂，左转随臂展掌，后坐右转下捋，左转出步搭腕，弓步前挤，后坐分手屈肘收掌，弓步按掌。

(8) 右揽雀尾

后坐扣脚、右转分手，收右脚抱球，右转出步，弓步棚臂，右转随臂展掌，后坐左转下捋，右转出步搭手，弓步前挤，后坐分手屈肘收掌，弓步推掌。

(9) 单鞭

左转扣脚，右转收脚展臂，出步勾手，弓步推举。

(10) 云手

右转落手，左转云手，并步按掌，右转云手，出步按掌。(注：重复2次)

(11) 单鞭

斜落步右转举臂，出步勾手，弓步按掌。

(12) 高探马

跟步后坐展手，虚步推掌。

(13) 右蹬脚

收脚收手，左转出步，弓步划弧，合抱提膝，分手蹬脚。

(14) 双峰贯耳

收脚落手，出步收手，弓步贯拳。

(15) 转身左蹬脚

后坐扣脚，左转展手，重心右移，双手合抱提左膝，分手蹬脚。

(16) 左下势独立

收脚勾手，蹲身仆步，穿掌下势，撇脚弓腿，扣脚转身，提膝挑掌。

(17) 右下势独立

落脚左转勾手，蹲身仆步，穿掌下势，撇脚弓腿，扣脚转身，提膝挑掌。

(18) 右玉女穿梭

落步落手，跟步抱球，右转出步，弓步推架。

(19) 左玉女穿梭

后坐落手，跟步抱球，左转出步，弓步推架。

(20) 海底针

跟步落手，后坐提手，虚步插掌。

(21) 闪通臂

收脚举臂，出步翻掌，弓步推架。

(22) 搬拦捶

后坐扣脚右转摆掌，收脚握拳，垫步搬捶，跟步旋臂，出步裹拳拦掌，弓步打拳。

(23) 如封似闭

穿臂翻掌，后坐收掌，弓步推掌。

(24) 十字手、收势

后坐扣脚，右转撇脚分手，移重心扣脚划弧，收脚合抱，旋臂分手，下落收势。

2．二十四式太极拳练习要领

（1）身体中正，收放自如

练太极拳首先要保持身体姿势的正确。例如：预备式的站立、起式的屈膝按掌都要自然端正。弓步、扑步、虚步、直立、屈蹲、转换，上体都要保持正直，不能前俯后仰，左歪右斜。身体的躯干应避免紧张僵挺，还要防止萎缩不展。练拳时要顶头竖项、沉肩坠肘、直脊展背、收腹敛臀、尾闾中正。

（2）内心平静，全身放松

内心平静、身体放松是练太极拳的最基本的要求。“心静”是一种内心的平静，就是思想集中，不受外界干扰，排除一切杂念，全神贯注地投入到练拳的过程中去；“体松”是意识上的放松，只有意识上的放松才能使身体得到放松，身体各部位才能自然舒展，动作才能自然顺遂。

（3）屈腿落胯，相随相合

太极拳步型的移动变化叫步法，步法中的基本姿势叫步型。在步法转变过程中，落脚的位置（距离、宽度、方向）要符合要求，脚尖或脚跟辗转的角度要适当，以利于动作的稳定和顺。支撑腿要平稳，不可忽起忽落，腿部的稳定支撑可使腿部的屈伸自然灵活、进退轻灵。太极拳桩步、行步的训练是加强腿部柔韧性和力量的基础。

（4）连贯圆活，一动俱动

太极拳是活的雕塑，流动的音符，优美的山水画，高雅的抒情诗。在意识调控下的全周身协调运动，包括内脏、体表、四肢，所以太极拳运动要求在动作过程中，一动俱动，从思想到肢体以及身体各个部位，尽可能多地参与运动，而且是高度协调精细的运动。在动作转换过程中，则要求：对下肢，是以腰带跨，以跨带膝，以膝带足；对上肢，是以腰带背，以背带肩，以肩带肘，再以肘带手。动作与动作之间的衔接，即“势势相连”——前一个动作的结束就是下一个动作的开始，势势之间没有间断和停顿。动作速度的忽快忽慢、转换的过猛过急以及重心的偏倚不稳都会使动作之间的衔接出现生硬或停顿的现象。

（5）虚实顿挫，阴阳相济

太极拳是表现为上下、里外、大小、虚实、开合、刚柔、快慢等的运动，主要靠意念的引导、劲力的轻沉、姿势的开合以及呼吸的配合来调整。虚实分为整体和局部两个方面，从整体动作来说，动作达到终点为“实”，动作转换的过程为“虚”。从局部动作来说，意念集中在右手，则右手为实，左手为虚；相反则左手为虚，右手为实。

对初学者来说，应把精力放在动作、姿势的准确上，一般宜用自然呼吸，不强求呼吸与动作的配合，可按照自己练拳习惯进行呼吸。当套路动作达到纯熟的程度，并且做到了“身动、心静、气敛、神舒”十分自然时，可以根据个人锻炼的体会和需要，有意识地去引导，按照“起吸落呼”“合吸开呼”以及“蓄吸发呼”拳势呼吸的原则，使动作与呼吸自然地配合起来，从而达到“深、长、细、缓、匀、柔”太极拳腹式深呼吸的要求。

3．二十四式太极拳练习的几个阶段

(1) 塑型阶段

初学者在此阶段，动作处于泛化阶段，正确动作概念尚未建立，做动作时会显得笨拙、僵硬、手脚不协调。这一阶段，意、气、形的技术特点是“重形不重意”“练形不练气”。

若过早关注呼吸配合动作，容易出现憋气，对学动作不利，对健康也不利，所以，这阶段主要应注意自然呼吸、心静体松，力求动作路线标准。

(2) 懂劲阶段

当动作规范、套路熟练、连贯圆活、和谐流畅不“断劲”时，即进入懂劲阶段。这一阶段意、气、形的技术特点是“以意导体”“以体导气”，形成“先外后内”“以外导内”的拳势。

这时就要尽量注意呼吸与动作的配合，要采用细、匀、深、长的腹式呼吸进行练习，以达到懂劲。由虚变实的外开劲应呼气，而由实变虚的里合劲应吸气，一呼一吸、一蓄一发的锻炼方法符合练拳和攻防的要求。切记“意在精神，不在气，在气则滞”。

(3) 求意阶段

二十四式太极拳要练到高级阶段，必须达到意、气、神合一。这一阶段意、气、形的技术特点是“以意御气”“以气运身”“重意不重形”。这时根据二十四式太极拳的特点，要采用腹式逆呼吸，即吸气时小腹内收，膈肌上升，丹田之气由小腹上升，胃部自然隆起，胸部自然扩张，肺活量加大；呼气时小腹外凸，膈肌下降，内气下沉至丹田，胃部与胸部自然平复。

套路练习时随着动作的变化进行呼与吸，如肢体的展收、劲力的蓄发、攻防意识等，此为拳势呼吸。拳势呼吸的规律为：起吸落呼、合吸开呼、蓄吸发呼。要自然顺畅，不能因动作而限制呼吸。

4．太极拳锻炼注意事项

（1）锻炼时间的安排

学生可以选择在太阳出来半小时后进行锻炼，既可以使身体在短时间内充分受热，避免清晨寒气的侵袭，又可以通过晨练接受一定时间太阳紫外线照射，杀死皮肤上的细菌，刺激骨骼的造血机能；也可以选择在傍晚锻炼，练拳前最好能排空大小便；可以少喝一点豆浆、牛奶，或吃一些面包之类，但千万不要过多。

（2）练习地点的选择

练习太极拳讲究“身、心、意、呼吸”的配合，宜选择空气新鲜、环境优雅静谧的地方锻炼。户外练习时要注意保暖，比如可选择向阳、避风的地方，如果选在室内进行锻炼，要注意通风，保持室内空气新鲜。

（3）运动强度应适宜

练习者应根据自身的状况调整运动量，做到量力而行。另外要注意的是在运动前一定要做准备活动，如慢跑、徒手操、拉伸等，运动后及时进行放松。

（4）运动后不要立即洗热水澡

由于运动使肌肉的血管扩张，血流量会随之增加，与此同时内脏的血管会相应收缩以维持肌肉的血流量，这时洗热水澡则会使皮肤肌肉的血流量继续增加，而内脏尤其是脑部的血流量减少，容易出现脑缺血而晕倒。因此，运动后不要立即洗热水澡。

（5）不要带伤病锻炼

正在咯血、出血的患者不宜练拳；冬练时若发生心绞痛应立即停止锻炼，不要紧张，可坐下或半卧位休息片刻，如疼痛无缓解应及时去医院检查。运动刚结束，不要马上喝水，稍休息后，再少量饮水。

第九节 健身跑技术与练习方法

2016年10月，中共中央、国务院印发了《“健康中国2030”规划纲要》（以下简称《纲要》），大力推行实施全民健身计划。在《纲要》的发布和实施过程中，全民健身已备受社会关注；同年，国务院办公厅印发的《关于强化学校体育促进学生身心健康全面发展的意见》，再次明确把课外体育活动纳入体育与健康课程。而健身跑运动的出现，作为一种简单易操作的运动形式备受大学生喜欢，丰富了人们运动锻炼的形式，弥补了定时、定场地的不便，克服了主观上需要参与者具有一定的理论知识和运动技能的限制；解决了客观上人们无经济条件、无空余时间以及场地、器材缺乏等条件限制的问题。随着《纲要》的深入贯彻和落实，健身跑作为一种简单、有效的健身方法，成为大众健身项目中的锻炼方式之一。

健身跑一

健身跑二

一、健身跑的概念与意义

在古希腊奥林匹克山上，雕刻着这样一段文字：“如果你想聪明，跑步吧！如果你想强壮，跑步吧！如果你想健美，跑步吧！”跑步是历史悠久、群众性广、锻炼价值较高的一项健身运动，健身跑属于跑步的一种方式，又称慢跑，是一项以促进身心健康为目标的有氧锻炼方法，比散步快速、有效，比竞走低速、易行，对于年龄、性别、体力、经济、技术能力等要求都比较低，是单、安全的有氧健身运动。健身跑运动不受场地、器材限制，田径场、公路、树林、公园及田间小路等地都可练习，是我国群众性体育活动中普遍开展的项目之一。它的最大优势就是可因地制宜、因时自定、因人而异、量力而行，不追求高难度技术动作，而强调以调节身体功能为主。健身跑运动对不同年龄、性别、职业、经济、运动基础的人具有普遍适用性。在全民健身背景下推广健身跑运动，将使健身跑运动更生活化、大众化，从而最大限度地满足人们运动健身的需求，养成以全民健身跑为主要运动方式的好习惯，可以更好地促进全民健身计划的实施，使全民的身体素质得到提高。

健身跑是体育锻炼的一种方式，最基本和最重要的功能是强身健体、愉悦身心，在运动中充满活力。健身跑运动不仅能够增强人们的体质，有效提高人体的有氧能力，舒缓紧张情绪，同时还能起到放松心情、释放压力的作用，由于健身跑动作简单、场地器材要求低、没有爆发与跳跃、安全系数高，且是以促进身心健康为目的，是当前流行的一项既经济又便利的健康锻炼方式。健身跑很好地弥补了体育锻炼对于时间、场地、器材的特定需要，只要想锻炼，随时随地都可以实现。此外，可通过健身跑运动接触不同人群，改变交往方式，更加自信地面对外界环境变化，增强社会参与和社会适应能力。

随着全民健身运动的普及，健身跑已演变为一种多元化的运动方式。公园、风景区、湖边等空气新鲜、场地开阔的地方都是健身跑运动者锻炼的场所，让人们从室内走向户外，回归大自然。健身跑涉及领域广泛，包括社交、健身、寻找自身价值或是寻求一种集体归属感。随着健身步道的建立，运动群体参与锻炼的机会和途径也随之增加，健身跑运动呈现出大众体育发展的必然趋势。健身跑运动以其较高普及度和参与度成为大众主要健身方式之一。

二、健身跑的技术要点

健身跑是一项户外步行运动，它是以促进身心健康为目的、讲究基本技术（身体姿态、肢体摆动、基本用力）、速度和时间的一项运动，健身跑的速度和运动量大于散步，但小于竞走。其技术要点如下：

① 保持身体躯干伸直、收腹、挺胸、抬头，由于健身跑速度的加快，相应的肘关节要自然弯曲、相互配合，同时以肩关节为轴前后自然摆臂。腿应朝前迈，脚跟先着地，然后是前脚掌着地，最后推离地面。

② 摆臂应是以肩关节为轴的前后动作，左右动作幅度不超过身体正中线。手指、腕与臂应是放松的，摆臂时肘关节角度约为90°。

③ 上体保持直立，而非前倾（除非加速或上坡）或后仰，这样有利于呼吸、保持平衡和步幅均匀。躯干不要左右摇晃或上下起伏太大，肩部适当放松，避免含胸。腿前摆时积极送髋，跑步时要注意髋部的转动和放松。

④ 腰部保持自然直立，不宜过于挺直。肌肉稍微紧张，维持躯干姿势，同时注意缓冲脚着地的冲击。

⑤ 步幅要小，身体重心起伏要小，动作要均衡。小步幅跑可自动降低肌肉在跑步中的用力强度，尽可能缓解疲劳程度，延长跑步时间。

⑥ 呼吸和跑步节奏相吻合，两步一呼、两步一吸或者三步一呼、三步一吸。如果步幅过大，小腿前伸过远，会以脚跟着地，产生制动刹车反作用力，对腿部会造成损伤。正确的落地动作是用脚的中部着地，并让冲击力迅速分散到全脚掌。

三、健身跑过程中的注意事项

在健身跑的过程中，我们应注意以下几点：

① 跑程要长。跑程长时人体可主动地消耗血液中的血糖和体内蓄积的多余热量，这种主动消耗，是降低血脂、血糖，缓解血压的最好方法。

② 走跑交替。先走一段，再慢跑一段，交替进行锻炼，最后缩短走的时间，加长跑步时间。

③ 练习的次数、时间及距离。青少年每周4~5次，每次20~25分钟，

距离3000米左右；中老年每周3次，每次15～20分钟，距离为1500米左右。如果每周练习3次，运动量采用小、大、中来调剂更好。运动量的增加一定要严格遵照循序渐进的原则，不可操之过急。每次总锻炼时间控制在30～90分钟，隔日锻炼效果最好，最佳跑步距离不超过5000米。

④ 注意科学营养。许多人认为跑步的运动量很大，需大量补充动物蛋白，这是一种误区。慢跑主要是消耗血糖，对蛋白质的需求不大，跑步后补充碳水化合物食品为宜。运动中适量饮水，以防止血液浓稠和高血脂，及时补充因出汗而失的水分。

⑤ 每次健身跑锻炼前要做好热身，特别是要活动髋关节、膝关节和踝关节，全身达到发热，身体轻快，即可进入跑步。跑完之后，可先慢走一段距离，再做其他放松练习。

⑥ 健身跑的地点最好选择车辆较少、树木较多、道路平坦、空气新鲜的地方。在校大学生健身跑最佳的跑道选择是学校的运动场，塑胶跑道路面十分平坦，软硬适中、弹力强，易测量距离、计算里程和速度。

可选择以下时间段健身跑：

上午9：00—10：00。此时间段空气新鲜、氧气含量高，身体的各种状况都比较好，精力集中、充沛并且充满激情，人体的肾上腺皮质激素水平达到峰值，有助于动员身体各个器官有效地发挥其功能。此时间段为两餐之间，跑步锻炼对消化系统的不良影响最小。

下午4：00—6：00。人体的生理功能在下午达到高峰，由于生物钟的作用，人体体温从下午开始平稳上升，可以起到类似热身的作用，运动效果较好。当生理功能达到最佳状态时，人类的耐力增强，肌肉温度高，血液黏度最小，关节最灵活，并且下午的空气质量最好，跑步锻炼有利于晚上入睡。

四、健身跑者的基本装备要求

首先，跑步服装款式应宽松，服装面料应有助于透汗排气。由于棉质服装易吸汗，会增加负重，同时可能导致锻炼后潮湿着凉，不适合做运动服。最好选择在温暖天气跑步，如果在冬季跑，不适宜穿过多衣服，因为运动会散发热量，衣服太厚不易散热。

其次，跑鞋要求轻巧，鞋帮的材料应牢固，鞋底应柔软有弹性，为保护跟腱，脚后跟处应合脚。一双适合自己的好鞋子，会让人产生良好的跑步体验，减少运动伤害。跑步鞋具有以下特点：柔软，避震性要好；穿着舒适，跟脚；支撑性好，能保护运动者脚底的筋膜；脚前掌易曲性好，脚趾体验不累；鞋底较耐磨；鞋子和脚踝的结合性要好，保护运动者的脚踝；适合运动者的脚型；鞋和脚的包裹性好，跑起来省力；抓地好，不打滑。板鞋、篮球鞋、老爹鞋以及带有内增高的运动鞋都不适合跑步。

最后，运动袜的选择要求：紧密、透气性、吸湿排汗。根据健身跑的强度、运动量、个人适应性，可选择不同属性的运动袜。

健身跑对学生的BMI、肺活量、台阶试验等生理指标有很大的改善作用。健身跑作为一种自由、简洁、实用、高效、经济方便的运动项目深受大众喜爱，已逐渐成为人们强身健体、预防疾病、愉悦身心、减缓压力的主要运动项目之一，这为健身跑在全球的推广和普及打下了坚实基础，同时有利于提高国家居民的健康水平，对于普及“体育终身化”具有重要的意义。健身跑运动也正在逐渐形成一种运动文化，吸引着越来越多的人参与进来。

如今，在公园、广场等场所健身步道的建立为锻炼者提供了良好的锻炼条件和锻炼氛围，更加促进了健身跑运动的发展。同时，运动方式可以满足不同年龄的健身者的需求。从锻炼效果来看，健身跑运动符合大众体育长期锻炼的行为要求，经过长期的健身跑锻炼，运动人群的身体形态和机能可以得到提高和改善。个体差异、外部环境、运动的组织形式和运动者心理状态都成为影响锻炼者的持续性因素。

健身跑练习案例：准备活动（10 ~ 15 分钟）→慢跑 2 圈→休息（2 分钟）→慢跑 2 圈→慢跑 100 米（直道）+快走 100 米（弯道）+慢跑 100 米（直道）+快走 100 米（弯道）3 圈→慢跑 1 圈→匀速走 1 ~ 2 圈→放松（10 分钟）。

五、校园健康跑

随着“健康中国”“体育强国”等国家战略目标的确立，政府相继出台有关学校体育的各级各类政策文件。在 2018 年 9 月召开的全国教育大会上，习近平总书记明确指出了“享受乐趣、增强体质、健全人格、锤炼意志”四位一体的学校体育目标。2020 年 10 月，中共中央办公厅、国务院办公厅印发了《关于全面加强和改进新时代学校体育工作的意见》（中办发〔2020〕36 号），指出要不断深化教学改革，推动学生积极参与课余训练、体育竞赛，一系列文件政策的推出旨在提高学生身体素质。

为贯彻教育部《关于深化本科教育教学改革全面提高人才培养质量的意见》精神，落实《全民健身计划纲要》等系列文件，各大高校进行了体育课内外一体化教学改革。培养学生科学锻炼的习惯，开展最多的就是校园健身跑。目前，不少学校利用不同的跑步 App 开展了各种形式的“校园健跑”活动，并逐渐将之制度化，纳入学生体育课成绩。如北京大学的“迎新跑”和“夜奔”、武汉大学的“校园环跑”等，清华大学从 2008 年开始要求学生参加“阳光长跑”日常锻炼，2014 年开始要求大一学生每天下午四点半刷卡参加集体锻炼，其长跑制度逐渐被更受学生欢迎的一款名为“阿甘长跑”的 App 所取代。合肥工业大学 2021 年开始采用的“云知健体”校园健跑 App，规定学生在一定的时间内完成相应的健跑公里数，学生根据平台提供的路线和地点完成长跑，信息自动上传服务器，学生还可以实时登录平台查询自己的健跑成绩、有效次数、距离等完成情况；教师可以实时查询自己上课班级每名学生的课外长跑完成情况，督促学生进行课外锻炼，学生每学期健康跑完成情况按照一定比例纳入体育课程评分。

第五章 身体素质训练与指导

第一节 力量素质训练与指导

大量研究已经证明，力量素质训练在大学生身体和情绪方面的发展中扮演着重要的角色。力量素质训练能够提高训练者骨密度、自信心、力量、爆发力和速度，增加体重，提升运动表现，力量训练还可以降低运动损伤的概率，同时为保持积极的生活方式建立了坚实的基础。

一、力量素质训练的作用

根据大学生力量训练水平，可以通过自由重量练习、抗阻带、实心球、力量训练器械等进行训练。大学生应当参加一些多关节练习，对大肌肉群进行训练。训练计划聚焦于大学生全面发展，促进他们的身体生长、发育，有利于大学生对在室外场地、冰场及室内硬地等各种场地的运动能力充满自信。

力量就是运用自身的力去对抗阻力的能力。力量可以增进运动表现，有助于运动技术的运作。大学生进行的所有运动都是在对抗阻力的情况下完成的，因此力量的提升无疑将有助于这些任务的完成。在运动领域，游泳与划船项目的阻力通常来自水；跑动、跳跃与集体类项目中的阻力来自重力；在摔跤、武术和其他一些集体类项目中，阻力来自对手。

运动过程中的绝大多数损伤发生在韧带和肌腱等部位，而合理的力量训练能够加强韧带（将骨骼稳定在一起形成关节）和肌腱（将肌肉固定在骨骼之上）的力量，能够让大学生更好地应对运动产生的压力。从目前来看，力量训练不仅可以预防损伤，还可以为运动阶段的表现奠定坚实的基础。在全方位发展的进阶计划中，练习内容、动作模式及器材设备的变化会对运动者身体的适应和成长提出挑战，使得运动者的运动技能或在项目中的表现得到提升。

除了提高运动表现和预防损伤以外，力量训练还可以促进健康。力量训练能够增加骨骼的矿物质含量，因此可以作为老年骨质疏松症的一种预防性措施。力量训练还能够对人的社会参与和心理方面产生积极影响，包括提高自律性、坚定决心、增强自尊心以及提升自信心。力量训练还有助于促进新陈代谢，帮助消耗更多的热量，应该成为健康生活方式的重要组成部分。

二、力量素质训练任务

虽然力量训练可以成为大学生积极生活方式的重要构成内容，但是必须精心设计训练计划。一项力量训练计划开始之前，大学生必须做好身心上的双重准备，掌握正确的推举技术，了解力量在提升运动表现方面的重要作用。指导者及练习者都应当清楚与安全相关的因素，包括不同类型器材与设备的摆放地点及其使用方法。同时，负责现场监督的教师也要精通力量训练，熟悉力量推举技术和训练方法。

力量也可与速度及耐力等其他因素结合在一起。力量与速度构成了功率，或表现为个体的发力功率。通常情况下，力的产生要求快速而具有爆发性，例如挥拍或跳跃。力量与耐力是第二种结合形式，即肌肉耐力，其是在对抗阻力的情况下，多次重复动作的能力，如赛艇、游泳及自行车。

力量训练的负荷一般以千克表示，以1RM的百分比或个人可以承受的单次最大负荷进行计算。通过平板卧推练习，可以较为容易地测试出练习者的1RM。例如，练习者可以从一个较轻的负荷开始，如27千克。如果练习者能够轻易地举起该重量，那么就可以继续增加负荷。练习者只能完成一次推举的最大负荷即为1RM，或表示为100%1RM。我们使用该负荷的百分比来计算训练的强度，绝大多数情下，训练负荷的区间为30%1RM—95%1RM。

重复次数是指某项练习在一组当中重复的总次数。具体遵循以下原则：

如果是最大负荷（1RM），练习者只能够重复1次。

如果是最大负荷的95%，练习者只能够重复2~3次。

如果是最大负荷的90%，练习者只能够重复3~4次。

如果是最大负荷的85%，练习者能够重复5~6次。

如果是最大负荷的80%，练习者能够重复8~10次。

如果是最大负荷的75%，练习者通常可以重复10~12次。

如果是最大负荷的70%，练习者能够重复12~15次。

如果是最大负荷的60%～70%，那么接受过训练的练习者能够容易地重复18～20次。

如果是最大负荷的50%，那么练习者每组可以重复25次以上。

针对在校学生来说，主要是进行一般力量的训练。

在力量训练课中，大学生每项练习可以重复3～4组，当训练的组数增加时，练习次数必须减少。每组训练之间练习者应该休息2～3分钟，以放松肌肉，使身体在执行下一个练习之前恢复。

三、力量素质训练的基本原则

合理的力量训练计划要满足3个基本原则，这些原则普遍适用于需要进行力量训练的大学生。

1．提升关节的灵活性

绝大多数力量练习，尤其是自由重量练习都会涉及主要关节的全幅运动，特别是膝关节、踝关节及髋关节。例如，在深蹲练习中，如果练习者的膝关节不具备良好的柔韧性，那么杠铃的重量对膝关节产生的压力可能会导致疼痛和扭伤。初学者进行深蹲练习时，为了避免膝关节的扭伤，一定要使用较轻的负荷，也可以采用半蹲练习（即下蹲到大腿与地面平行的位置）以达到预防损伤的目的。

在做低姿深蹲时，若练习者踝关节的柔韧性不佳，将会对练习者的前脚掌和脚趾产生压力。若要建立良好的支撑和平衡，应当以全脚掌与地面接触，双脚均匀受力。因此，提升踝关节的灵活性是练习者必须重点关注的问题。简单的跑动、跳跃活动和斜坡跑练习可以更好地促进踝关节灵活性和下肢的整体力量水平。

2．肌腱力量先于肌肉力量发展

相对于增强肌腱拮抗、提高韧带防伤及维持骨骼与关节完整稳定的能力而言，肌肉力量的提升速度更快。发展肌腱力量有助于力量均衡发展，减少伤病发生。

很多练习者可以通过适应的训练计划实现肌腱和韧带力量的强化。肌腱联系着肌肉和骨骼，其主要功能是传递拉力或肌肉收缩产生拉动骨骼完成动作的力量。如果在肌腱和韧带尚未形成正确的解剖学适应之前，就进行大强度力量训练，可能会导致肌肉附着点（肌腱）和关节（韧带）的损伤。肌腱和韧带具有可训练性的特征，它们直径的增加会提升承受张力和牵扯的能力。可通过强度由低至高的多种练习方式实现周身力量水平的提升，确保肌肉骨骼系统得到全面发展。如果仅仅采用一种训练计划，或将练习者送入高强度的专项训练营之中，很有可能导致他们遭遇运动损伤，或对易受伤的系统施加过分压力。循序渐进对获得解剖学适应，为满足日后运动项目的更高要求做充分的身体准备而言，至关重要。

3．核心力量先于四肢肌力发展

大部分的运动项目都要求练习者以手臂和腿部完成动作。所以，练习者应注重加强手臂和腿部的训练，练习者的手臂和腿部越是强壮有力，锻炼效果越有效。

虽然所有运动技能都由腿部和手臂完成，但是它们之间的纽带是躯干。因此，躯干应当与腿部和手臂一样强壮，没有得到良好发展的躯干就不能为四肢提供强有力的支撑。

长期的力量训练计划不应该仅仅注重手臂和腿部的发展，而是应该包括腹部、下背部及脊柱肌群的发展。因此在为初级练习者制订训练计划时，练习应该从身体的核心部分开始，逐渐将训练扩展至四肢。换言之，加强腿部和手臂的力量之前应着重发展连接它们的部位——躯干的核心肌群的力量。

腹部和背部由一系列肌群组成，它们的排列走向各异，围绕着身体的核心区域，这种生理学结构为身体的大幅度运动提供了坚实而有力的支撑。背部的长、短两类肌群沿着脊柱分布，与负责旋转和侧转的肌群共同配合，组成一个工作单元，参与躯干的侧屈、转体和旋转。腹肌包括躯干的前部和侧部，主导躯干的前屈、侧屈、旋转和扭转，腹肌在很多运动技能中发挥着重要作用，因此，腹肌薄弱会限制人体在很多活动中的表现。在手臂和腿部的动作（特别是投掷类项目）中，所有的躯干肌群都可以作为稳定躯干的工作单元。

大学生进行一些核心强化的练习非常重要。发展核心力量并非单纯依赖一些基本的卷曲练习，还需要进行包括蹦床跳跃、横向走、独轮车骑行或操场上简单的嬉戏等在内的全身性运动，这些都是以支撑身体、扩大周身动作幅度进而锻炼腹部的有效方法。

四、力量素质训练的主要手段

负重抗阻练习：运用杠铃、哑铃等训练器械。可用于身体任何一个部位肌肉力量的训练，是训练最常用的手段。

对抗性练习：双人顶、推、拉等，依靠对抗双方以短暂的静力作用发展力量素质。

克服弹性物体的练习：使用拉力器、橡皮带等器械，依靠弹性物体变形而产生的阻力发展力量素质。

利用力量训练器械练习：利用力量训练器械，可使身体以各种不同的姿势进行训练，可直接发展运动员所需要的肌肉力量，使训练具有针对性。

克服外部环境阻力的练习：在草地、沙地等特殊地形进行跑跳训练。

克服自身重力的练习：如引体向上、倒立推起、纵跳等。

发展力量素质的运动项目：俯卧撑、仰卧起坐、仰卧后仰、轻器械练习、健身房各种器械训练等。

第二节　速度素质训练与指导

如果想要在田径项目以及较大场地上进行的集体类项目（如足球、橄榄球或棒球等）中脱颖而出，速度是最重要的素质之一。在篮球、手球以及长曲棍球等其他集体类项目中，运动员则必须快速地奔跑、移动、反应或变向。在这种情况下，大学生不仅要拥有快速移动的能力，还需要表现出良好的灵敏性。速度与灵敏性的提升离不开力量和功率（爆发力），如果运动员不够强壮或不具备足够冲击力，那么就不可能变得快速而敏捷。所谓“速度”，主要由 3 个要素组成：反应时间（对信号做出的动作反应）、动作时间（武术中快速移动肢体的能力、挥拍或传球）以及跑动速度（包括四肢动作的频率）。

在集体类项目中，运动员很少会进行如田径短跑项目中的直线运动，而那些能够快速变向接住传球或躲避防守的运动员通常会获得更高的评价。在这类情况下，作为构成速度的几大要素，反应时间以及不同方向上的高速跑动得到了整合。另一个有关速度的案例是格斗项目，运动员为快速攻击对手或防御、躲避对手攻击，手臂与腿部都要做出快速的动作。因此，运动员必须具备极快的动作速度。

很多运动专家认为，速度是天生的而非后天塑造的，因为速度取决于运动员的肌肉类型。具体而言，基于以下两个方面：一是基因，肌纤维中快肌纤维占比越高，肌肉反应就越快，爆发力就越强；二是运动员的力量和功率。无论是否具有基因遗传特性，练习者都可以通过训练实现速度水平的提升，即便那些不具备速度天赋的人同样能够显著提升他们的速度。

速度的提升还取决于肌肉强有力的收缩能力，这种能力能够确保肢体的快速移动。因此，任何与反应灵敏或速度相关的有力收缩都与力量训练有关。

提高跑步效率的重要条件之一便是有效的摆臂动作。手臂应当自如地前后摆动，上摆时应当达到面部高度。腿部频率应当随着摆臂速率的提高而增加，因为腿部的动作频率始终受制于摆臂的速度和频率，并且与之保持协调同步。驱动腿（此处以右腿作为驱动腿）的大腿达到与地面平行的高度之后，脚部向前方快速落下。足底接触地面时完成一次“蹬擦地面”动作。当身体向前移动时，另一侧腿（左腿）向前摆动。此时，右腿蹬地主导身体向前。在整个冲刺跑阶段中，不断重复上述动作。

进行这些速度练习时，练习者应保持正确的跑步姿态——肩部保持放松下沉，双臂有力摆动，膝部高抬；上身保持立直，双眼直视前方；双脚快速蹬地，在前移时处于身体的正下方。以下是跑步技术的几个阶段（在一个跑步周期中，以右侧腿为例）：

蹬伸离地阶段：此时右侧腿的髋关节、膝关节、踝关节快速伸展，脚部用力蹬离地面，推动躯干快速向前。

折叠前摆阶段：右侧腿蹬离地面后向前摆动至大腿与地面平行。手臂沿身体两侧摆动，左手上摆至肩部高度（肘关节屈曲 90°）。在进入落地阶段之前，确保踝关节的稳定。

下落着地阶段：此时右侧腿的脚部下落触地，并迅速置于身体正下方。

支撑缓冲阶段：此时右侧腿的脚部完全着地支撑身体，左侧脚的足跟快速后摆至臀部，同时右侧手臂迅速前移。

一、速度训练任务

青春期之后的阶段，速度训练应当更具专项性特征，与项目的需求保持高度相关，增加专项速度的训练时间。

大部分速度训练都具有动态特征，要求高强度下对神经系统的持续刺激。因此，此类训练需要以更高的腿部动作频率和更快的速度完成跑动。

速度训练中需要持续关注的一个问题是，如何让练习者学会在以主动肌收缩执行动作的同时，放松拮抗肌。因此，在训练课中应当安排特定的时间，帮助练习者学会掌握放松的方式，使其流畅、自然、协调地完成各种技能练习或动作。首先，可以通过较低速度的重复性速度训练，让练习者专注于拮抗肌的放松。然后再逐渐增加动作速度，直至能够以最大速度完成相同的重复次数。如果练习者在专项化阶段没有进行过此类练习，那么他们跑步动作会非常僵硬。动作僵硬意味着更高的能耗，以及不必要的肌肉收缩，最终就会导致更慢的跑动速度。

大学阶段的速度训练应当以年度周期计划安排训练，训练计划必须满足一个完整赛季的训练需求。在准备期（赛季前期）安排多方面训练，并针对某些存在“短板”的肌群进行补强训练；从准备期的末段开始，训练应当体现专项性特征。此时应当使用那些直接有助于运动表现提升的练习方法；最后，在年度计划中的休赛期或过渡期，应当继续回到全方面的非正式训练，并放松调整。此时的安排旨在消除疲劳和放松身心，同时可以进行一些身体活动和休闲娱乐活动。

二、速度训练计划设计

人体进入青春期之后的阶段，比其他发展阶段中的训练，对速度训练提出的建议也更加复杂。

1．速度

高强度下的高速、高频训练应成为重要的组成部分，占全部速度训练时间的60%～70%。

2．动作时间

动作时间是指从做出反应的第一个明显动作开始，至整个动作完成后的总时间。

针对普通大学生来说，所说的速度即身体移动的速度。加快移动速度有两个基本途径：一是力量训练，使力量增长，进而加快速度；二是反复进行专项训练时加快专项速度。动作时间不仅表现为肌肉对某个刺激源做出的反应，同时体现了肌肉快速的和爆发式的收缩能力。包含速度与功率的训练能够有效地发展运动员快速移动肢体的能力。

3．克服外部阻力的能力

在绝大多数的运动项目中，力量（即肌肉快速收缩产生的力）是完成系列快速动作的决定性因素。然而，在训练和比赛期间，制约运动员快速运动的外部阻力有多种形式，如重力、器材、环境（雨水、雪和风的影响）和对手等。为了克服这些外部阻力，运动员必须提高自身的力量水平。通过增加肌肉收缩的力量，练习者可以提升动作的加速能力，快速完成技能。克服外部阻力的训练内容之一，就是要提升运动员爆发式的踢摆、击打、投掷、挥拍等能力。

4．技术

动作和动作完成的速度频率通常是技术的一种功能，有效的动作模式有助于快速、正确且高效地完成一项技能。同时，运动员必须有意识地放松拮抗肌，轻松协调地完成技能动作。

5．专注度以及意志力

各种快速动作的执行需要具备一定水平的力量。由于反应灵敏度是中枢神经系统对运动信息加工处理的结果，因此神经冲动的频率以及运动员的最大专注程度决定了动作的速度。运动员的意志力和专注度是实现高速运动的重要因素。

6．肌肉弹性

肌肉弹性以及主动肌和拮抗肌交替放松的能力是实现高频动作和正确技能的重要因素。另外，关节柔韧性也是进行大幅度动作（如长距离的跨步）的要素，它在任何需要快速跑动的项目中都极其重要。因此，每日的柔性训练，尤其是针对小腿和大腿肌群的训练，必不可少。

快速启动对于所有集体类项目而言非常重要，如足球、橄榄球、棒球、冰球以及篮球，因为这些项目的运动员需要连续进行快速的加速运动。进行快速启动练习时，练习者需要双脚开立，做好准备姿势。接到指令后，练习者应当迅速加速，跑动 10 ~ 30 米，重复相同的跑动练习 6 ~ 10 组，组间休息 3 ~ 4 分钟。快速启动练习也可以从技战术训练中独立出来，以提高快速启动能力，或将其作为专项练习的内容。

加速训练是提高短跑成绩或集体类项目运动员的最大加速度的一种训练形式。练习者要进行 4 ~ 8 组 20 ~ 60 米的加速跑训练，组间休息 3 ~ 4 分钟。另一方面，速度耐力训练要在较长距离范围（60 ~ 120 米）内保持最大速度水平。由于该项训练对身心要求较高，因此一般进行 3 ~ 6 组，组间休息的时间延长至 4 ~ 5 分钟。这项训练对于橄榄球中的外接手、棒球运动员以及径赛项目的运动员非常重要。

三、训练方法

当发展速度训练时，重点不在求新而是务实，要把必须完成的内容做好。为了提高速度，必须专注于逐步提升力量，并按照年龄分阶段进行力量训练，还要用正确的技术进行针对全身的跑步、跳跃训练以提高神经系统的反应速度和肌肉的协调性。最重要的是，应当提高特定项目（无论是个人项目还是集体类项目）的速度水平，这些目标只需要通过一些基础性的训练就可以实现。

1. 原地摆臂练习

训练重点：手臂主导、手臂协调性。

① 双脚相距 15cm，分开站立，肘关节屈曲约 90°。

② 在不改变身体姿势和肘关节角度的前提下，前后摆动手臂。手臂上摆的高度与面部持平，不要耸肩。

2. 站姿启动练习

训练重点：站姿下的快速启动能力。

① 在很多项目中，尤其是集体类项目，非常强调快速加速能力，因此，站姿下的启动模拟可以对运动员在某个方向上的快速启动加速能力进行训练。练习的预备姿势为分腿站姿。

② 接到指令后，向目标方向快速加速。变化动作快速启动后，绕过 1 个标志桶，或完成一系列弯道跑，或完成绕过 4 ~ 5 个标志桶的障碍跑。前倾启动练习训练的重点是前倾姿势下的快速加速能力。

3. 力量速度训练

肌肉力量指肌肉最大收缩时产生的对抗阻力和负荷的能力，简单说就是负重力和瞬间的爆发力。肌肉力量能够帮助平衡肌肉发展、稳定关节、加强跨步力量，并降低重复动作造成运动伤害的概率。

另外，有一个误区是以为跑步只需要腿部力量，练好腿部肌肉就足够了。其实，上半身的力量也绝对不能忽视。大多数跑步者不知道，核心肌群是连接手臂动作与腿部动作的关键，加强核心肌群的肌肉力量对上肢的摆臂动作和下肢的跨步动作都很有帮助。

窄距俯卧撑与跑步的摆臂动作更相似，可以锻炼到胸大肌和手臂肱三头肌，对跑步帮助也更大。练习窄距俯卧撑时，注意双手间的距离与肩同宽或比肩略窄即可。

赛跑运动员基本力量训练

训练项目	重复次数	组数	影响身体部位
卧推	6 ~ 10	3	胸、上臂
站直侧举哑铃	8 ~ 12	2	胸、上臂
徒手下蹲	8 ~ 12	3	大腿、腰肌
负重深蹲	6 ~ 8	3	大腿
提踵	8 ~ 12	2	小腿后肌群、跟腱
肩负杠铃跨步跳	6 ~ 10	3	腰肌、大腿后肌群

注：表格引用运动训练学、运动生理学知识。

卧推

在训练实践中，当力量得到提高时，并不意味着移动速度会立即提高，还需要进行一定的专项训练，将力量合理地运用在提升速度素质中。

4．高抬腿练习

训练重点：小腿、屈髋肌力量

① 步行中提起前腿的膝关节至水平面高度以上的同时，支撑腿开始提踵。

② 手臂屈曲 90°，配合腿部动作前后摆臂。

③ 连续步行 20 ~ 25 米。

5．提高步频练习

有这样一个计算跑步速度的公式：跑步速度 = 步频×步幅。步频指跑步时左右脚在单位时间内交替的次数，通常用步/分钟表示；步幅指相同脚连续着地之间的距离，也就是左脚（或右脚）两次着地间的距离。所以想提高跑步速度，改变已经成为习惯的步幅不太容易，但你可以从步频入手。而且对进阶级跑者来说，增加步频是最安全、有效的提速方法，因为它不会对膝关节造成更多的压力，减少膝关节的受伤概率。

如何知道自己的步频？可以进行一次低强度的跑步实验，数一数在 30 秒的时间里自己迈出了多少次左腿或右腿，再乘以 2，就是你的步频了。正常人的平均自然步频为 95 ~ 125 步/分钟，但长跑精英运动员的步频通常在180 步/分钟，这得益于科学且系统的训练。

没有专业训练团队的普通跑者要增加步频，就要有意识地增加双腿交换的频率。可以在手机上下载一个节拍器类的 App，设置好适合的步频，比如把步频设置为 150 步/分钟，跟着节奏进行垫步练习，它能很好地帮助跑者找到特定步频下的速度感觉。

步频训练时还要注意提高呼吸效率，高步频很容易打乱呼吸节奏，呼吸节奏乱了又会打乱跑步速度，限制步频的提高。加快摆臂，可以带动肩胛骨运动，并传导至骨盆，从而带动双腿。

6．大步跑练习

训练重点：腿部爆发和大步跑。

① 从站姿开始。

② 地面放置 10 ~ 15 个标识盘或标识圈，其间距可以让运动员完成大步跑。

③ 进行跨步跳时，应当确保每步都踏入标识圈内，完成所有大步跑之后，走回起点。

步长即跑步时左右脚相邻着地点之间的距离，通常用“米/步”表示。很多人会把步长和上面公式里出现的步幅混淆，其实步幅看同侧脚，步长看左右两只脚，两者是不一样的概念。

无论是步幅还是步长，最基本的影响因素都是腿长和身高。练习者可以通过改善肌肉和关节的柔韧性来扩大下肢的活动范围，如正压腿、纵劈叉等；蹬地作为向前跑动的动力来源，增加蹬地力量或改善蹬地的角度都有助于增大步长；半蹲跳、深蹲、负重弓箭步走、跳台阶等锻炼下肢力量的动作，也能有效地增大步长。

第三节　耐力素质训练与指导

通常将身体维持长时间活动的能力称为耐力，对于那些必须长时间保持活力的运动项目而言，耐力至关重要。耐力并非简单等同于长跑运动员、游泳运动员、赛艇运动员或越野滑雪运动员的专项能力。事实上，良好的耐力基础对大多数人来说都十分必要。耐力可以帮助大学生承受训练和比赛的压力。此外，与耐力基础不佳的大学生相比，拥有良好耐力基础的大学生更容易应对学业与训练中的疲劳，并且可以保持积极的生活态度。

不能有效应对疲劳的大学生极有可能在训练中表现不佳，在比赛、竞争中落败。疲劳还会影响训练中的专注度，导致技战术的失误，并降低投射项目的精准度。这也是为什么越是临近一场比赛或赛季末，失误出现的频率越多。因此，想要提升比赛中的表现，就必须提高自己的耐力水平。

耐力分为有氧耐力和无氧耐力两种类型。在有氧耐力练习中，运动员始终在氧气供应充足的情况下运动；在无氧耐力练习中，运动员则是在高速动态且较短持续时间下完成动作，因此心脏没有充足的时间将氧气运输到肌肉以产生能量。无氧耐力更多地体现在集体类项目、网球与格斗类项目中，而有氧耐力则更多地体现在持续时间较长的项目中，如自行车、游泳、铁人三项、长跑和越野滑雪等。对多数人而言，应当在具备了良好的有氧基础之后，再去进行专项的无氧耐力训练。

耐力训练对人体健康的益处非常显著。经常参加耐力活动的人群具有更加有力的心脏、更低的心率和血压。研究表明，耐力训练的量、强度与健康之间存在着剂量效应关系。中等强度的耐力训练可以改善心率、平衡血压并调节其他心脏健康指数。

与速度相同，耐力表现同样受到遗传基因的显著影响，也受个人生物学构成的影响，因为慢肌纤维与快肌纤维的比例在很大程度上决定了人们的耐力潜力。遗传学对个体最终运动表现的影响不低于70%，而耐力是主导因素。大多数人快、慢肌纤维的先天比例是50：50，但是优秀的耐力运动员极有可能拥有更高比例的慢肌纤维，而天赋异禀的短跑运动员则可能是快肌纤维的比例较高。慢肌纤维，也被称为Ⅰ型肌纤维，主要支持耐力型项目，如长跑、越野滑雪等有氧活动。Ⅱ型肌纤维（快肌纤维）则分为两类：ⅡA型和ⅡX型，这些肌肉纤维主要负责进行高速、爆发性动作的短时无氧活动，如短跑和投掷铁饼。很多集体类项目需要两种类型的肌纤维组合以求得最佳运动表现，例如，在足球比赛中，运动员必须在多个回合之间往返冲刺跑动（主要依靠快肌纤维），与此同时还要在整场比赛中保持较高的恢复水平和有氧输出能力（主要依靠慢肌纤维）。

针对人体的肌纤维构成情况，很多研究人员对能否通过训练实现运动员肌纤维类型的转变都有疑问。如果运动员的慢肌纤维和快肌纤维的占比相同，那么通过训练能否让肌纤维类型的比例发生改变以匹配一定的训练水平和训练类型？耐力训练能否将Ⅱ型肌纤维转换成Ⅰ型肌纤维？爆发力训练能否将Ⅰ型肌纤维转换成Ⅱ型肌纤维？虽然，一些研究证实了肌纤维的组内转变（如ⅢA型转换到ⅡX型），但是对此依然没有证据表明Ⅱ型肌纤维转化为Ⅰ型肌纤维的潜在可能性，反之亦然。尽管如此，科学家仍在试图继续破解纤维类型转换的“谜题”，并且坚信通过不同形式的训练，如长时间、高耐力的训练，有可能实现Ⅱ型肌纤维向Ⅰ型肌纤维的转化。

当然，人们在耐力活动中表现出天赋并不意味着他始终都具有最好的表现。心理因素，如动机、意志力、竞争力也是影响耐力的重要因素。职业操守、决心和努力训练的动机往往可以弥补天赋上的不足。无论天赋如何，所有的人从童年到发育成熟都能提高耐力表现。在儿童期，耐力水平每年可提高10%～20%。随着运动能力增长，耐力的提升幅度每年可能降至5%～10%，而高级别的运动员每年要求提高的耐力水平的幅度为3%～7%。

耐力主导的运动表现能力，需要从青春期之前的早期阶段到青春期之后的阶段中不断提升，直至进到青少年阶段的末期。运动员通常在发育成熟期拥有较高的运动表现水平，女性运动员出现运动表现峰值的时间略早于男性运动员，这主要由于女孩发育的时间早于男孩。纵观发展的各个阶段，男孩在整体的表现上要优于女生。除了游泳项目，多数以耐力为主导的运动项目在儿童中的普及程度并不如集体类项目，如跑步、自行车、铁人三项、赛艇、越野滑雪和皮划艇等。

一、耐力素质的分类

按人体的生理系统分类，耐力素质分为有氧耐力和无氧耐力。有氧耐力是指运动员在供氧充足情况下克服疲劳的能力。无氧耐力也叫速度耐力，它是指身体以无氧代谢为主要供能形式，坚持较长时间工作的能力。耐力训练分为一般耐力与专项耐力。

1．一般耐力（有氧耐力）训练

有氧耐力训练

训练方法
各种形式的长时间跑
长时间的周期性活动，如自行车、划船机等
反复克服自身体重的练习
循环练习

2．专项耐力训练

专项耐力训练

专项耐力	方法和手段
投掷类	提高重复次数
短跑类	大强度间歇法、提高运动负荷
长跑类	超过比赛距离 3 ~6 倍的练习
对抗类	超出正常比赛时长的训练

二、耐力训练的基本要求

重视运动员呼吸能力的培养，养成良好的呼吸习惯。一般来讲，普通学生主要以加大呼吸频率来供给身体氧气的需要，有一定训练水平的学生主要是加大呼吸的深度来改善对体内氧气的供给。

加强意志品质的培养。练习者的意志品质在耐力训练中所起的作用很重要，意志坚强者比意志薄弱者耐力表现好得多，在耐力素质训练中必须注意对练习者意志品质的培养。

掌握青少年耐力自然发展的趋势，以便科学地安排耐力训练。

三、发展耐力素质的项目

发展耐力素质的运动项目有很多，如步行、快走、慢跑、长距离游泳、自行车、太极拳、跳绳、球类运动等。

发展耐力素质主要是提高肌耐力。肌耐力指肌肉在一段时间内持续工作的能力，即肌肉的持久力和对抗疲劳的能力。随着跑步速度越来越快，跑步距离越来越远，骨骼、肌肉、韧带却未必能承受越来越大的运动强度。如果肌耐力不够，会减少你的有效运动时间，不仅不能提高跑步速度，还很容易造成运动损伤。

进行肌耐力训练时，需要注意与肌肉的力量训练区分开。很多跑步教练都认为长跑更考验跑者的肌耐力，所以马拉松选手都会更重视持久力而不是爆发力。爱跑步的同学，你们平时是如何提高肌耐力的？肯定少不了长距离慢速跑（LSD）这一项吧？一般认为长距离应该在 20 ~ 35 千米，但个人情况不同，这个距离并不适合每个人，初跑者可以循序渐进地进行，时间长比距离长更重要。如果你已经解锁了 10 千米，下一步就可以练习长距离慢速跑了。

四、有氧耐力训练法

有氧耐力是指长时间进行有氧供能的工作能力，又称一般耐力，负荷强度为人体最大负荷强度的 75% ~ 85%，心率一般在 140 ~ 170 次/分钟。

1. 持续训练法

持续训练法总负荷量较大，持续时间相对较长（不少于 30 分钟），没有明显间歇，练习强度较小，比较稳定，负荷强度控制在平均心率 140 ~ 160 次/分钟，能力较强者可控制在 160 ~ 170 次/分钟。

一般性的持续训练最常见的为持续性慢跑，比如坚持每天跑步，也是一种耐力训练。每天不断改进训练方式和能力，一段时间后，耐力就会得到的提升。除了跑步，还有有氧舞蹈、游泳、打球等多种运动。

2．间歇训练法

一次练习的负荷时间至少在5分钟以上，负荷强度中等（平均心率控制在160次/分钟），当每组间歇时要求在身体尚未完全恢复时就进入下一次练习，一般心率下降至120次/分钟即可进行下一组练习。整个训练的持续时间至少保持30分钟以上。

比如进行1公里的慢跑后，进行短时间的休整，但不需身体完全放松，一般以心率下降至120次/分钟（可以简单理解为呼吸调整到不喘，心跳相对平缓），即可进行下一组有氧训练，可再进行1公里跑，重复这个训练过程。

五、无氧耐力训练法

无氧耐力是指身体在缺氧状态下，长时间对肌肉收缩供能的工作能力。常采用短时间、最大用力和短暂休息的重复运动的方法进行。

1．重复训练法

一次练习的负荷时间为30～120秒，负荷强度大（平均心率控制在180次/分以上），间歇时间应充分，当身体完全恢复后就进入下一次练习。

常见的训练方法有200、400、600米重复跑，每次跑后休息充分，待身体完全恢复后再进行400米跑，跑友根据各自的运动能力可重复进行1～5次。

2．间歇训练法

一次练习的负荷时间为40～90秒，负荷强度大（平均心率控制在180次/分），间歇的时间要充分，心率下降至120次/分钟就进入下一次练习。

无氧间歇运动训练方法比较多，可以随意组合训练方式，比如高抬腿冲刺跑、后蹬腿冲刺跑、车轮跑冲刺跑、小步跑冲刺跑，即进行10秒的快速高抬腿，发展乳酸性无氧耐力；也可以进行1分钟的练习，然后加上短时间的冲刺跑。

还可以选择30米、60米、100米冲刺跑，或者400米、800米变速跑。这些主要是为了进行间歇训练，同时还要注意间歇休息的时间不应过长，不能在身体机能还未恢复就进行下一次的练习。

六、常见的耐力训练法

1．反复跑

反复跑是固定距离反复进行练习的训练方法。跑的速度、距离、重复次数、强度等可以根据自身水平和运动能力来确定。可以采用 150 米、300 米、400 米、600 米等多种距离进行重复训练，训练时要控制住强度和间歇时间。

2．定时跑

定时跑是在固定时间内不计算跑步距离的训练方法，可采用 10 分钟、15 分钟、20 分钟或者 30 分钟等多种时间。如果练习时间长，强度可相对减弱，练习时间短，强度可相对大一些。85% ~95% 的强度有利于发展无氧耐力，85% 以下的强度可以发展有氧耐力。

3．持续慢跑

持续慢跑是以相对较慢的速度完成较长的距离。根据自己的训练能力决定距离，训练时的心率接近 150 次/分，主要发展有氧耐力。

4．持续快跑

持续快跑是以相对较快速度跑一定的距离，如 800 米、1000 米、1500 米，跑的距离和次数可根据自身情况确定，强度一般为 90% ~95%。

5．连续跑台阶

在楼梯上，连续跑 30 ~ 50 步，每步 2 ~ 3 级，重复 3 ~ 5 次。心率在 120 ~160 次/分。要求动作不能间断，但不规定时间，从上向下走时应尽量放松，心率恢复到 120 次/分即开始下一次训练。如果膝关节有过伤病，要尽量减少连续跑台阶的训练。

6．逆风跑或负重跑

如果遇到风力大的天气，可以在场地或公路上做持续长距离逆风跑，也可做 1000 米以上的重复跑，重复次数 4 ~ 6 次，间歇 5 分钟，强度 55% ~ 60%，也可穿沙背心进行负重耐力跑。

在进行耐力训练期间，要根据制定的练习要求，科学地安排练习的运动量、强度、重复次数、间歇时间和间歇方式。同时，要尽可能地将有氧耐力和无氧耐力的训练相结合。

耐力训练不仅是身体方面的训练，还是意志品质的培养。因此，在耐力训练中除采用多种多样的训练手段外，还要注意培养自己吃苦耐劳、坚韧不拔的意志品质。

第四节　灵敏性素质训练与指导

如果一名青少年能够快速变向或迅速改变动作模式，那么就可以被认为具有灵敏性。高频率的脚步移动，快速的动作和反应速度，以及运动员移动的时机和节奏，都是反应灵敏的要素。灵敏性并非独立存在，而是依附于其他能力的发展，其中爆发力是一个决定性因素。

在很多集体类项目、持拍类项目和武术项目中都能观察到速度、灵敏性以及力量的诸多特性。例如，篮球运动员为了能够始终处于自己盯防的运动员的前方而快速移动双腿，他们的双腿须为了应对比赛中可能出现的任何情况，而时刻做好移动的准备。迅速的反应、快速的步伐移动以及高频率的脚步动作直接取决于小腿肌群的力量。因此，具有冲击力的快速反应型运动员，总能够比对手先一步作出战术判断并采取行动，这有助于在比赛的过程中建立起巨大的战术优势。

灵敏性素质的要素是速度与力量综合作用的体现。高灵敏性素质的大学生肌肉比例，快肌比例要明显高于慢肌。长期持续有效的训练也会有效改善人的灵敏性素质。灵敏性训练始于美式橄榄球项目。

一、灵敏性的基本因素：减速-加速能力

如果运动员想要快速地变向，首先必须减速，然后再向另一个方向迅速移动。具体而言，这个动作会在两种情况下出现：加速后减速，或减速后加速。减速过程中，储存在肌肉中的弹力势能会在加速阶段得到释放，帮助运动员再次快速地跑动。

一方面，为了有效完成上述两种动作，必须进行针对腿部和手臂的专项技术训练。在减速情况下，双臂的移动应当配合腿部动作，降低动作的幅度和力量，双臂附加的轻微动作都可能会对加速效果产生影响。快速的减速动作主要依靠腿部力量。因此，运动员如果希望实现迅速减速，就必须提高股

四头肌的力量，该肌群主要在减速过程中发生离心收缩。另一方面，影响加速能力的主要因素来自手臂的动作。为了迅速进入加速环节，手臂应当首先移动。如果想要腿部快速移动，手臂就必须前后有力地摆动。

二、灵敏性的肌肉支持

提高灵敏性和反应能力，应当首先发展小腿主要肌群（腓肠肌、比目鱼肌以及胫骨前肌）和大腿主要肌群（股四头肌）的力量和功率，快速加速和减速的能力主要依靠这些肌群强有力的离心和向心收缩。在减速-加速过程中，减速能力将是决定性因素，同时也是制约运动表现的限制性因素。如果力量没有得到有效的发展，那么减速-加速过程将变得非常缓慢。

所有对灵敏性和快速脚步移动提出较高要求的动作都依靠腿部力量。盯防进攻队员或躲避防守队员时的快速腿部动作，取决于两个重要因素：运动员第一步移动的合理程度和运动员蹬离地面的发力程度。

三、灵敏性训练的周期安排

灵敏性训练可以看作是一个解决很多集体类项目运动能力受限的长期性方案。灵敏性训练应当分为以下两个阶段。

1．学习阶段

在儿童训练中使用任何灵敏性练习，尤其是在运动启蒙阶段（6～10岁），甚至是运动能力形成阶段（11～14岁），都应将重点放在技术学习而不是反应灵敏或快速步伐。对于后者的训练应当随着力量和功率的不断增强而逐渐予以强调。经过重复一些简单的灵敏性练习、游戏以及比赛之后，儿童将会体验到速度的提升，这是因为肌肉“学会”了互相协调工作（即肌肉同步性），从而变得更加高效。

2．发展阶段

尤其是在专项化阶段（15～18岁）之后，进行灵敏性训练有助于运动员通过发展最大力量和功率提升反应速度。

最大力量在发展和提升灵敏性方面的重要作用往往被人们低估而没有充分得到利用。绝大多数的教练员只依赖重复的灵敏性训练方法，但对于运动员必须尽可能使用最大的力蹬地才能做到快速移动的因果关系缺乏必要的理解。当运动员掌握一项练习，并使最大力量得到了发展，他同样可以变得非常敏捷。如果仅仅通过重复提升灵敏性的练习，可能会在短时期内让运动员的表现得到提升，但是进行最大力量和功率训练能够实现灵敏性发展的最大化。

四、灵敏性的长期发展

长期的灵敏性训练的周期安排主要由长期训练计划和短期训练计划两部分组成。灵敏性的长期提升需要在训练的早期阶段就开始持续地重复各种练习，从简单的灵敏性动作逐渐发展到复杂的灵敏性动作。腿部力量的受限程度也会在学习阶段（即初级运动员时期）得到提升。然而，一旦运动员具有了较高的竞技水平，通常就会遭遇运动表现的平台期。此时，灵敏性的提升就会变得十分困难，除非按照力量训练的基本原则实施周期性的力量训练计划。如果最大力量和功能训练没有作为要素纳入整体的训练计划之中，那么灵敏性的提升将很难突破，长期的年度训练计划对于训练灵敏性素质而言十分必要。

五、灵敏性训练指南

1．训练强度

除了专注于技能学习的灵敏性训练，绝大多数的灵敏性训练都要求在高强度下进行，强度应达到运动员最佳表现的80% ~95%。为了能够从灵敏性训练中获得最大的收益，练习者在蹬地时使用动态力量。强度过低的训练通常不会使灵敏性发生明显的提升，更不要提对运动表现产生正向迁移。为了能够给训练设定合理的强度，练习者必须定期通过测试以评价自己完成练习的最大能力。

由于训练强度的提升主要依赖于神经肌肉系统，同时灵敏性训练的质量取决于神经反馈和神经肌肉系统的反应，因此灵敏性训练一般都会被视为神经肌肉系统训练。神经系统快速、有力且高频率地向参与灵敏性练习的快肌纤维发送神经冲动，从而影响着快肌纤维的收缩速率，并最终决定了灵敏性或快速步伐能力的强度和质量。

2. 持续时间

为了从灵敏性训练中获得最佳收益，制订计划时就必须根据运动项目的主要功能特征。练习者可以按照下列要求对灵敏性训练进行分级：

① 磷酸肌酸系统：高强度（大于 90%）的蹬地和快速反应动作，持续 5 ~ 10 秒，组间休息 1 ~ 2 分钟。

② 无氧糖酵解系统：高强度（80% ~ 90%）运动，持续 20 ~ 90 秒，组间休息 2 ~ 3 分钟。

需要注意的是，很多练习通常采用中等强度、短时间（4 ~ 12 秒）的灵敏性训练。当练习强度以及蹬地的用力程度过低时，训练能带来的效果就会受到影响。为了避免高强度灵敏性训练的过程中；疲劳对运动表现产生不利的影响，每节训练的总时间应当控制在 5 ~ 10 分钟。如果将间歇时间（通常持续 2 ~ 3 分钟）考虑在内，那么每堂训练课的总时间能够达到 35 分钟。例如，如果灵敏性训练课中，以磷酸肌酸和无氧糖酵解系统供能为主的练习包括 10 组 10 秒的练习、5 组 15 秒的练习以及 5 组 30 秒的练习（三组练习合计用时 5 分 25 秒），间歇时间约为 27 分钟（10 秒练习共有间歇时间 1 分钟，15 秒练习共有间歇时间 1.5 分钟，30 秒练习共有间歇时间 2 分钟）。在这个过程中，应当对练习者的状态和进步、练习持续时间、重复次数、每项练习的组数等方面做好监督。

3. 依据场上位置的专项灵敏性训练

由于持拍类项目和集体类项目的运动员在场上不同的位置，项目本身对技战术和身体素质都提出了非常具体的要求，因此灵敏性训练必须与既定位置的生理学需求相匹配，英式橄榄球、足球、美式橄榄球、手球及排球等项目中的各个位置之间的差异性非常明显。以足球项目中拖后中卫与中场队员两者场上位置的差异为例，前者的角色要求具有更多的爆发力、灵敏性和反应能力；而后者则多半扮演场上指挥者的角色，负责全队的组织工作，需要经常前插和后撤，在队内承担各种任务。拖后中卫在比赛中的主要供能系统为磷酸肌酸系统和无氧糖酵解系统，而中场球员则是以有氧氧化系统供能为主。这些差异说明灵敏性训练应当依据供能系统进行安排。必须认识到这些差异性，根据不同队员的生理需求实施训练，特别是在处于专项化阶段（15～18岁）至高水平运动表现阶段（19岁及以上）的运动员更应如此。

六、灵敏性训练的组织与实施

高强度的灵敏性训练应当在热身后迅速开始，因为此时神经系统仍然比较兴奋，还未疲劳，可以对不同的刺激做出迅速反应。同样也可以在疲劳状态下，制定提高反应时间表现的灵敏性训练，此时，灵敏性训练可以放在训练课的最后阶段进行。虽然疲劳会干扰到中枢神经系统的反应能力，但练习者能够逐渐适应较高程度的疲劳，执行绝大多数项目所要求的快速反应动作。这类训练的目标是保持短时（4～12秒）且以最快的动作频率完成练习内容。想要在比赛的最后阶段依然能够保持初赛时动作犀利、敏捷且极具爆发力的状态，那么就要进行上述的训练。

在灵敏性训练中，随着快肌纤维神经中枢的反应性和牵张反射（肌梭的牵拉反射会引起肌肉的收缩）有效性的减弱，神经系统将最先感受到疲劳。疲劳通常会伴有明显的技术变形，如动作步伐凌乱、脚部触地时间增加，神经肌肉处于很高的疲劳程度，练习者很难有效地进行灵敏性训练。在这种情况下，练习者应当停止练习，延长休息时间（如4～5分钟），必要时可以停止灵敏性训练。

七、灵敏性练习方法

在训练中始终选择多种灵敏性练习。

1．观察脚部触地情况

应当始终以前脚掌触地，使牵张反射的效果最大化，这种“步态轻盈”的跑步方式是由肌肉弹性主导的运动形式。与之相反，足底偏硬的落地方式导致的是沉重的脚部动作，触地时间（脚部与地面之间的接触）的增加会明显造成动作的迟缓，因此，要强调通过“步态轻盈”的跑步方式进行快速的灵敏性练习，最大化肌肉弹性的同时，最小化触地时间。

2．关注练习时步伐的声音

在灵敏性训练中，除了观察运动员的动作之外，还要关注练习者的脚部与地面接触后发出的声音。练习者触地的声音能够提供关于灵敏性练习完成质量的重要反馈。如果发出的是一种拍击声，说明运动员脚部触地的部位是足底而非前脚掌，这种情况下会明显降低速度和灵敏性练习的有效性。练习者脚部与地面接触的声音越趋于安静，越说明动作更加流畅而富有弹性，力量和灵敏性训练的效果就越能体现。当听到拍击声或较大的脚部声，特别在接近训练的尾声时出现这种情况，那么最大的可能性是练习者正在经历神经肌肉疲劳。一旦发生这种情况，就应当清楚地意识到灵敏性训练可能出现了问题，应及时停止训练。

3．观察步伐移动时的高度

练习者步伐转换的高度应该尽量保持低位，因为这样可以确保练习者的脚部能够迅速收回，完成下一次蹬地动作。具体动作应当注意以下两个方面：

① 步伐移动时的高度应低于踝关节。向上的动作不仅低效，而且会削弱灵敏性表现。

② 尽可能快地完成两次灵敏性步伐间的衔接动作（如蹬地和落地阶段）。练习者蹬离地面的频率越快，说明移动越快。

4．评估身体的力学结构

练习者应当保持正确的身体姿态和站姿：双脚与肩同宽分立，足尖指向前方，身体重量均匀地分布在两腿之间。重心的投影（身体重心至地面的连线）垂直于身体的支撑面（如双腿之间），然而，为了让动态的身体力学结构尽可能接近比赛场景中的真实情况，一些灵敏性练习应当在非平衡的姿势下进行（即运动员的重心在支撑面之外）。

5．蹬地阶段的力量最大化

虽然灵敏性训练通常具有步伐轻盈的特点，但有些情况下，如初次进行灵敏性练习或变向练习的时候，应特别强调练习者以足跟接触地面十分重要。这样可以充分利用小腿肌群的爆发力，使蹬地动作更加有力。

在蹬地阶段，力量的生成取决于脚部和腿部连线与地面的角度。夹角越小，向前的爆发力就会越大。然而，很多练习者由于踝关节柔韧性的限制，无法将这个夹角保持为锐角。

特别是一些集体类项目的运动员，在比赛中必须持续不断地进行爆发性动作。功率与最大力量之间具有紧密的联系，如果最大力量能够得到有效发展，速度、灵敏性会随着训练年限的增加有所提升。

为了实现运动能力的最优化发展，集体类项目的运动员需要将最大力量训练阶段（以提升快肌纤维募集为目标的训练）同功率训练阶段（以增加快肌纤维募集的释放或者激发率为目标的训练）整合起来。这是唯一可以同时提升以比赛为导向的速度与灵敏性等身体素质的路径。如果训练中没有遵循这一策略，那么运动员的爆发力将被削弱，然后直接对速度和灵敏性的发展产生负面影响。

当然，灵敏性训练的训练量和训练强度取决于技术水平和运动能力发展的阶段，不要求处于运动启蒙阶段的练习者按照运动能力发展阶段的强度等级精准地完成灵敏性练习，因为自身有限的动作技能发展会使练习者在完成练习方面存在极大的困难。训练的关键是要依照练习者现阶段的发展水平以确定练习动作的强度和爆发性（即灵敏性）。随着练习者的力量和速度、训练的量与强度逐渐地增加，他们对抗地面的发力能力也将缓慢地增加，进而对灵敏性的发展和提升产生影响。针对灵敏性的训练并不是独立开展的，而是重要的技能养成，必须通过包含力量、柔韧性、功率以及速度训练的合理计划加以实施。

八、一般灵敏性练习

1．对角线跳跃接冲刺跑练习

练习部位：三伸肌（小腿肌群—腓肠肌、比目鱼肌和胫骨前肌，膝伸肌—股四头肌，伸髋肌群—臀大肌）。

① 在体育馆的地板或操场上，画出一条 10～15 米的线。

② 在上述标记直线的长度范围内进行之字形跳跃（类似于回转滑雪模式），然后向前冲刺跑 9～13 米的距离。

练习方法：

首先做向后的之字形跳跃，然后完成一组不同方向的冲刺跑；或者每次向不同的方向进行冲刺跑。

在进行冲刺跑部分的练习时，首先加速至位移4～5米，然后制动，立即变向，再进行加速跑动5～9米。重复1～3组，每组重复3～5次动作，组间休息时间为2分钟。

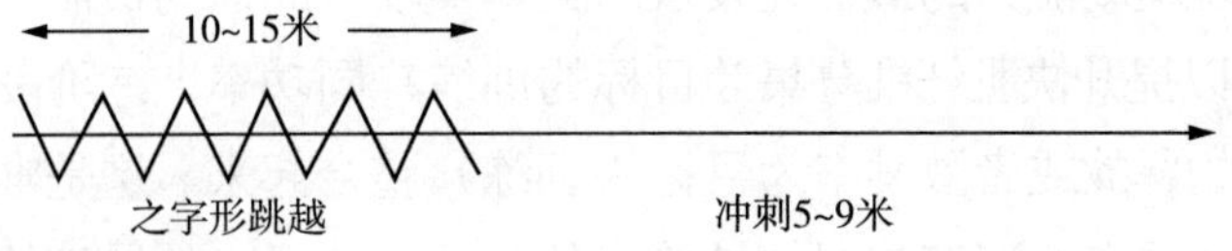

对角线跳跃接冲刺跑

2．原地空中换腿跳

练习部位：三伸肌。

① 以站姿开始，双腿前后分立。

② 进行垂直跳，双腿迅速在空中前后交换（如起跳时右腿在前、左腿在后；落地后右腿在后、左腿在前），连续重复该跳跃方式。要注意向上跳跃的高度，尽量缩短下落后与地面的接触时间。

练习方法：

练习者每次跳跃时，可以按既定的方向进行跳跃（如向右或向左，稍微向前或向后等）。重复4～5组，每组20～30次的连续跳跃，组间休息时间为2分钟。

3．障碍跳跃

练习部位：三伸肌，肩部肌群，屈髋肌群（髂腰肌）。

① 将8～10个标志桶成一排摆放，间隔3～4米。

② 以高步频（如采用小步伐）单腿起跳，跑过每个标志桶（类似跳远的动作），脚部接触地面的时间要尽量少。运动员跳过所有障碍物后返回至起跑线。

练习方法：

每组可以作为一次长距离的灵敏性训练重复2～4组，组间休息时间为

2～3分钟。

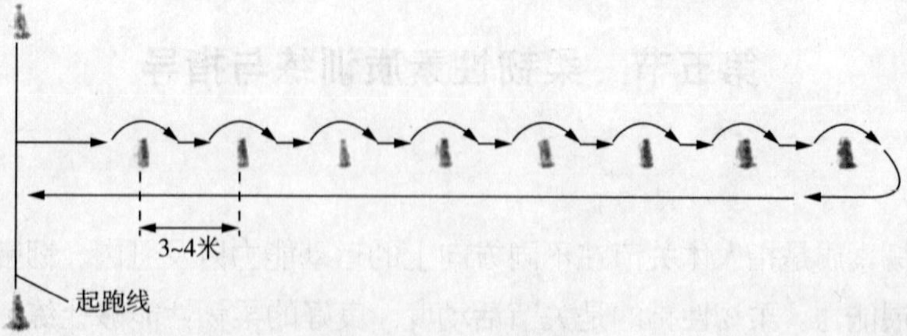

障碍跳跃

4．交叉步法练习

练习部位：小腿肌群，股四头肌（小范围）。

① 以右腿在前、左腿在后的交叉步向左移动30米。

② 向相反方向重复动作。

练习方法：

设置30米的参考线，每个方向重复3～5组，组间休息时间为2～3分钟。

第五节　柔韧性素质训练与指导

柔韧素质是指人体关节在不同方向上的运动能力以及肌肉、韧带等软组织的伸展能力。柔韧性指的是关节活动度。良好的柔韧性能够让练习者轻松地执行各种动作和技能，同时还可以有效地避免运动损伤。

当关节活动度大于完成项目技能所需的动作幅度时，练习者才会具备出色完成各种动作的能力。例如，在足球比赛中，球员想要踢中高空球就必须将腿部抬高至胸部，因此他们一定要具有足够的柔韧性以确保抬腿超过这一高度，否则，练习者将无法学习或熟练掌握运动项目所要求的各种动作。柔韧性的提升，依靠的是持续不断地针对不同肌群和关节进行静态和动态的拉伸练习，而不仅仅是一两次拉伸训练课。定期的拉伸运动可以提高练习者的力量、速度和跳跃高度。由于柔韧性在成年时期获得提升的难度更大，因此最佳的做法是在青少年时期就进行柔韧性训练，并且将热身活动和拉伸练习作为训练计划的重要部分。柔韧性训练还是一种能够预防损伤的重要策略。绝大多数运动项目包含了重复性的动作，而整个运动过程中关节的活动度也十分有限，跑步便是如此。这些重复性动作会导致肌肉紧张，并可能造成肌肉拉伤或者撕裂。渐进增强柔韧性的计划将会拉伸肌群，以缓解肌肉紧张，有效避免运动损伤。

此外，柔韧性不佳还可能导致损伤。跑步和冲刺时，腹股沟和内收肌群并不直接参与运动。但是球类运动员在断球和抢球时，需要有很好的髋关节和腹股沟柔韧性。因此，运动员要根据比赛去适应和提高肌肉的柔韧性。柔韧性包括多个方面，如练习或运动前的基本静态拉伸。运动员必须通过持续不断的柔韧性训练，更多的时间拉伸股四头肌和腘绳肌，以获得更大幅度的关节活动度。

进行拉伸练习的最佳时间是在一般热身活动结束后（即慢跑和热身操后）、训练的间隙以及训练课的结尾。

一、柔韧性的发展

幼童具有很好的柔韧性，但是青春期之后，柔韧性就会随着年龄的增长而降低。尤其是男生，这是因为男生的肌肉体积、身高以及肌肉力量的变化更为剧烈。因此，青少年在每个发展阶段都需要训练柔韧性。柔韧性训练应该成为青少年训练计划中必不可少的一部分，它与运动专项化无关。一旦具备了运动项目所需的柔韧性要求，那么柔韧性训练的目标就是帮助练习者保持一定的柔韧水平。常年保持柔韧性训练十分重要，运动员在体能活动不足的状态下会很快失去柔韧性，而柔韧性的降低又会加大运动时损伤产生的概率。

因而，运动启蒙阶段是开启柔韧性训练计划的最佳时期。关注身体所有关节的整体柔韧性，有利于奠定良好的发展基础。柔韧性练习包括静态拉伸、低强度的动态拉伸和一些热身操形式的活动，如前后摆臂、体前屈、开合跳等。虽然上述三类拉伸通常只运用在热身环节，但是有助于拉伸关节，尤其对拉伸肩、髋、踝关节非常有效。

二、拉伸方法

拉伸练习是提高柔韧性的最佳方式。主要的拉伸方法包括静态拉伸、动态拉伸以及易化牵伸法。更多的人倾向于使用静态拉伸的方法，弹震式的拉伸方法可能会导致肌肉拉伤。易化牵伸法可能在应用上存在一定的局限性，但通常被优先选择。

静态拉伸就是拉伸至动作的最大活动限度后，保持该姿势一段时间。在进行静态柔韧性练习的整个过程中，运动员应当放松肌群。

无论是静态拉伸法还是易化牵伸法，练习者都是首先通过关节定位提高柔韧性。然后每次进行拉伸时，在该姿势下保持数秒时间。经过一个阶段的练习之后，拉伸的时长可循序渐进地增加。在静态拉伸时，可以由练习者本人独立完成；在易化牵伸时，则需要同伴给予肌肉压力。

动态拉伸是通过快速的摆动或主动发力以达到最大关节活动度。练习者不需要保持最后一个动作不动：以站姿开始，双臂举过头顶，双脚分开；然后，深蹲至最大限度，再回到起始姿势；重复该动作几次，每次尝试让膝关节屈曲达到最小角度。拉伸过程中，如果感觉到任何不适或疼痛，停止练习。易化牵伸法则是运动员本人先将关节拉伸至最大活动幅度，然后紧接一次对抗同伴阻力的短时静力性收缩。随后，练习者可以放松肌肉，停止对抗，在同伴的持续压力下伸展肢体超过之前的最大活动范围至更大的角度。在练习者从关节的最大活动幅度恢复之后，可以再进行一次对抗同伴阻力的静力等长收缩。

三、运动实践

在每次运动、练习正式开始之前，都应该进行渐进式的热身活动。血液流动速度和温度的增加，能够让肌群为活动做好准备，有利于力量和功率的提升。

热身应该以 10～15 分钟的心血管机能活动开始，其中包括静态和动态拉伸组合练习。可以根据参与的练习者人数分组进行一对一的易化牵伸练习，尤其以下肢肌群拉伸为主。通常情况下，可以在热身活动开始的时候安排 10～15 分钟的慢跑，然后再进行 5～10 分钟的静态拉伸或者易化牵伸，最后再进行 5～10 分钟的动态拉伸，加以实心球辅助练习或爆发性动作的活动（如蹲跳、立卧撑、有节奏地摆臂和提膝等）。

静态拉伸不受场地、器材的影响，易于操作，可以广泛推广运用。

四、一般柔韧训练方法

大学生主要练习的是一般柔韧能力。柔韧训练基本上采用拉伸法，如动力拉伸法和静力拉伸法，大部分的拉伸动作都可以使用两种方法进行。

一般柔韧训练方法表

拉伸动作	拉伸方法
站位体前屈	动态、静态
坐位体前屈	动态、静态
高位压腿	动态、静态
俯卧体后屈	静态

（续表）

拉伸动作	拉伸方法
跪坐压踝	静态
纵叉	静态
横叉	静态
屈腿坐压膝	动态、静态
跪撑压肩	静态

五、发展柔韧素质的运动项目

发展柔韧素质的运动项目有：广播体操、气功、武术、舞蹈、健美操、健身瑜伽等。下面列举出的各项练习，可以同时应用在运动能力形成阶段和专业化阶段，练习的量与强度可以根据训练阶段以及练习者的基础技能水平变化。

1．体侧屈拉伸

拉伸部位：髋关节、躯干两侧。

体侧屈拉伸一

体侧屈拉伸二

动作要求：双脚分开站立，与肩同宽。双臂侧平举，掌心朝上。身体向左侧屈，右侧手臂上举，在头上方与左手相碰。两个手臂始终保持伸直。姿势保持4～6秒，向右侧重复该动作。

2．弓步拉伸

拉伸部位：髋关节、腘绳肌。

动作要求：右腿成弓步，左腿向后伸，左膝关节着地，双手轻放于右膝，上体保持直立。姿势保持4～6秒，重心越低，拉伸效果越好。

弓步拉伸

3．手足对侧体前屈拉伸

拉伸部位：髋关节、躯干、腘绳肌。

手足对侧体前屈拉伸一

手足对侧体前屈拉伸二

动作要求：双脚分开站立，比肩稍宽，双臂举过头顶。屈的同时，右手向前触碰左脚，左手臂在后上方伸展，姿势保持4～6秒，回到起始姿势。重复这个动作：换左手向前触碰右脚，右手臂向左上方伸展，姿势保持4～6秒，再回到起始姿势。

4．双手交叉体前屈拉伸

拉伸部位：髋关节、胸部、肩关节、腘绳肌。

动作要求：双脚分开站立，双臂侧平举。上半身前屈，双臂在体前交叉，双手分别触碰对侧脚踝，姿势保持4～8秒，再直立身体，回到起始姿势。

双手交叉体前屈拉伸一

双手交叉体前屈拉伸二

5．坐位体前屈拉伸

拉伸部位：髋关节、腘绳肌、小腿。

动作要求：以坐姿开始，双腿伸直，手臂在头上方伸直。上半身前屈的同时呼气，手臂尽量向脚趾方向前伸。姿势保持4～6秒，回到起始姿势。

坐位体前屈拉伸

跨坐位体前屈拉伸

6．跨坐位体前屈拉伸

拉伸部位：髋关节、肩关节、小腿。

动作要求：身体呈跨坐位，抬起上身向腿部方向屈曲，并用双手尝试触碰脚尖。姿势保持4～6秒。回到起始姿势。

7．分腿跪姿体前屈拉伸

拉伸部位：髋关节、腘绳肌、肩关节。

动作要求：右膝跪地，左腿向前伸直，举起手臂至肩部高度。躯干向左扭转前弯的同时，右手触碰左脚脚尖。姿势保持3～6秒。伸展上身，右腿回到起始姿势。换左腿跪地，右腿向前伸直。交换腿重复动作。练习时，将腿向斜前方而非正前方伸直。

8．深蹲站立体前屈拉伸

拉伸部位：腘绳肌、髋关节。

动作要求：屈膝、屈髋，以全蹲姿立于地面，双手触地，伸膝，保持双手始终触地，姿势保持3～5秒，回到起始姿势。

深蹲站立体前屈拉伸一

深蹲站立体前屈拉伸二

9．跨坐转体拉伸——实心球

拉伸部位：肩关节、腹股沟、腘绳肌。

动作要求：双腿分开，坐于地面，双手在胸前持一实心球。双手持球，手臂向右脚脚尖伸展，进行一个完整的转体绕环，至左脚脚尖。回到起始姿势。再次伸展手臂，从左脚脚尖转体至右脚脚尖。

跨坐转体拉伸——实心球一

跨坐转体拉伸——实心球二

跨坐转体拉伸——实心球三

10. 跪姿肩部拉伸

拉伸部位：肩关节、胸部。

动作要求：双膝跪地，双臂高举过头，屈向前伸展，使双臂贴向地面。胸部向地面下压，姿势保持4～6秒，回到起始姿势。重复3～6次。

跪姿肩部拉伸一

跪姿肩部拉伸二

11．站姿小腿肌群拉伸——原地触墙

拉伸部位：小腿肌群。

动作要求：双脚并拢，面向墙壁站立。与墙面的距离应当保证屈时不会碰到墙壁。掌心在胸部的高度贴墙，向墙壁方向屈曲踝关节和膝关节，但足跟不要离开地面，压力主要由踝关节承受，姿势保持 6 ~ 8 秒。回到起始姿势。

注：弹震式地进行练习时，运动员应该屈曲膝关节并快速回到起始姿势，重复 6 ~ 8 次。

站姿小腿肌群拉伸——原地触墙一

站姿小腿肌群拉伸——原地触墙二

第六章 学生体质健康测试

为了切实加强学校体育工作，促进学生积极参加体育锻炼，养成良好的锻炼习惯，提高体质健康水平，国家学生体质健康标准是《国家体育锻炼标准》的有机组成部分，是《国家体育锻炼标准》在学校的具体实施，是国家对学生体质健康方面的基本要求，适用于全日制小学、初中、普通高中、中等职业学校和普通高等学校的在校学生。本章节主要是针对在校大学生的体质健康测试解读，同时以测试低分同学为案例，分析如何加强和提高测试成绩及相关练习方法。

第一节　体质健康测试的评价标准

大学生体质健康测试是学校贯彻《国家学生体质健康标准》（以下简称《标准》）的重要手段，是评价学生综合素质、评估学校工作和衡量各地教育发展的重要依据。本标准从身体形态、身体机能和身体素质等方面综合评定学生的体质健康水平，是促进学生体质健康发展、激励学生积极进行身体锻炼的教育手段，是学生发展核心素养体系和学业质量标准的重要组成部分，是学生体质健康的个体评价标准。

本标准将适用对象划分为大学一、二年级为一组，三、四年级为一组。

大学各组别的测试指标均为必测指标。其中，身体形态类中的身高、体重，身体机能类中的肺活量，以及身体素质类中的50米跑、坐位体前屈为各年级学生共性指标。

本标准的学年总分由标准分与附加分之和构成，满分为120分。标准分由各单项指标得分与权重乘积之和组成，满分为100分。附加分根据实测成绩确定，即对成绩超过100分的加分指标进行加分，满分为20分；大学的加分指标为男生引体向上和1000米跑，女生1分钟仰卧起坐和800米跑，各指标加分幅度均为10分。

根据学生学年总分评定等级：90.0分及以上为优秀，80.0～89.9分为良好，60.0～79.9分为及格，59.9分及以下为不及格。

学生因病或残疾可向学校提交暂缓或免予执行《标准》的申请，经医疗单位证明，体育教学部门核准，可暂缓或免予执行《标准》，并填写《免予执行〈国家学生体质健康标准〉申请表》（附表2），存入学生档案。确实丧失运动能力而被免予执行《标准》的残疾学生，仍可参加评优与评奖，毕业时《标准》成绩需注明免测。

各学校每学年开展覆盖本校各年级学生的《标准》测试工作，《标准》测试数据经当地教育行政部门按要求审核后，通过“中国学生体质健康网”上传至“国家学生体质健康标准数据管理系统”。

第二节　测试方法及注意事项

《体育健康测试标准》是国家对每一名大学生的体质状况的基本要求。若测试成绩不及格，将影响到个人的评优、评先以及毕业等。测试前要注意以下事项。

其一，加强体育锻炼，养成良好的锻炼习惯。

其二，测试前期身体不适或有感冒的同学可申请延后测试。

其三，测试前请注意休息，切忌通宵熬夜。

其四，测试时必须携带身份证或学生证等有效证件，提前 10 分钟到达指定地点。

其五，穿着运动服、运动鞋参加测试，测试前要做好充分的准备活动以免出现意外。

其六，有特殊病史或不适宜参加测试的同学可以办理免测手续。

第三节 体质健康测试项目及练习方法

大学各年级男女生单项测试项目，有肺活量、50 米跑、坐位体前屈、立定跳远、引体向上（男）/1 分钟仰卧起坐（女）、1000 米跑（男）/800 米跑（女）。根据各项测试指标特征，我们相对应地增加了练习方法，更方便于学生利用业余时间来掌控测试方法及身体各项指标能力提高的练习方法。

一、测试项目及方法

1. 身高体重

(1) 测试目的

测试学生身高、体重、形态指数。评定学生的身体匀称度，评价学生生长发育及营养状况的水平。

(2) 测试器材

身高体重仪。

(3) 测试方法

受试者赤足，身着轻装立正姿势站在身高体重仪的底板上（上肢自然下垂，足跟并拢，足尖分开成 60°）。足跟、骶骨部及两肩胛区与立柱相接触，躯干自然挺直；头部立直，耳屏上缘与眼眶下缘是水平位。测试人员坐在受试者右侧，刷卡或输入学号，按“开始键”，水平压板轻轻沿立柱下滑，触及受试者头部时，自动停止下滑，测试完毕。测试成绩显示在屏幕上，语音提示测试结果，主机把测试结果传送到计算机，测试完毕。

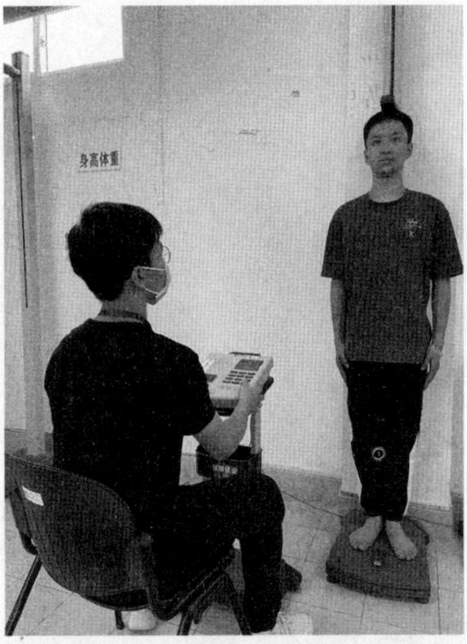

身高体重测试

(4) 注意事项

受试者保持自然呼吸，双膝伸直放松站立，目视正前方，不可携带其他任何物体上称。

(5) 维护健康的方法

保持良好的身体锻炼习惯，每天锻炼1小时，保持科学合理的饮食习惯，追求健康向上的生活习惯和生活方式。

2. 肺活量

(1) 测试目的

测试学生的肺通气功能。它是指人体全力深吸气后，再全力呼出的气体总量，即一次深呼吸的气量，是呼吸动态过程中的一部分。

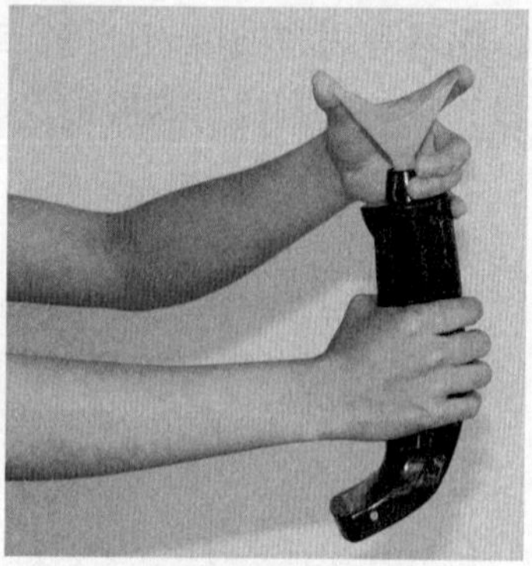

肺活量测试一

肺活量测试二

(2) 测试器材

电子肺活量计。

(3) 测试方法

使用干燥的一次性口嘴，测者面对仪器双脚平行站立，手持吹气口嘴；面对肺活量测试仪站立深吸气（避免耸肩提气，应该是闻花式的慢吸气）；吸气后屏住气再对准口嘴以中等速度和力度吹气，防止此时从口嘴处吸气；

肺活量测试三

向口嘴处慢慢呼出，至不能再呼为止；吹气完毕后，液晶屏上最终显示的数字即为肺活量毫升值。

（4）注意事项

测试时检查口嘴或鼻处是否漏气，测试中不可停顿或二次吸气、吹气。

（5）练习方法

采用调节呼吸法。在空气清新的环境下慢慢吸气4～5秒，使肺部吸足氧气，再缓慢吐气，练习5～8分钟。两脚平行站立与肩同宽；双臂屈肘经体前向上提至面前打开伸直，向前上方缓慢而有力地向头部两侧伸展，上体向前上45°轻微抬起，目视前45°，尽量让肩关节达到最大活动幅度，使肩关节有明显的“后震”感，双臂缓慢回收到身体两侧。双臂上举时吸气，回收时呼气，反复做30～50次。在锻炼时注意调节呼吸，逐步使呼吸量加大，提高和改善肺呼吸的效率和机能。坚持慢跑、游泳、踢球等耐力项目的训练，或者每天坚持做一些扩胸运动，提高胸部肌肉力量，都能起到提升胸腔能力、增强呼吸深度的作用。

3．坐位体前屈

（1）测试目的

测试学生身体柔韧素质的发展水平。

（2）测试器材

坐位体前屈测试仪。

（3）测试方法

受试者脱鞋坐在连接于箱体的软垫上，两腿伸直，不可弯曲，脚跟并拢，脚尖分开10～15厘米，踩在测量计垂直平板上，两手并拢；两手臂伸直，指尖轻触手推板。测试时上体前屈，用两手中指尖轻轻推动标尺上的游标前滑（不得有突然前伸动作），直到不能继续前伸。

（4）注意事项

受试者腰背挺直，指尖推出时向外呼气（不可憋气）。身体前屈，两臂向前推游标时两腿不能弯曲。受试者应匀速向前推动游标，不能突然发力。受试者在测试前必须做好充分的准备活动，避免肌肉、韧带拉伤。

（5）练习方法

站位练习：双脚打开，与肩同宽，膝关节伸直，腰背挺直向下弯曲，双

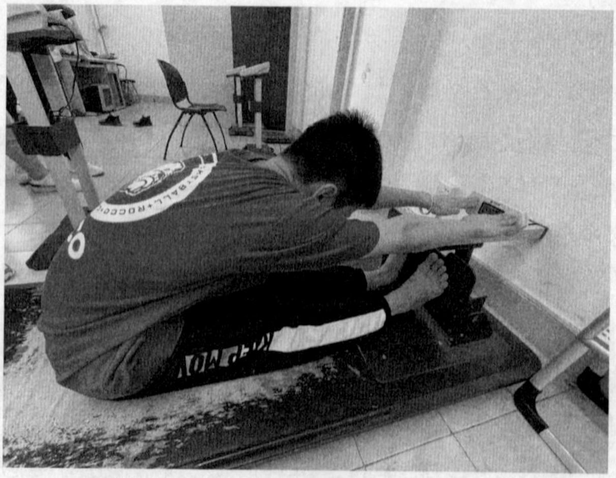

坐位体前屈

手向正前下方触地，振动下压。

坐位练习：双脚并拢，膝盖伸直，勾紧脚踝，双手抓脚尖或脚踝，腰背挺直向前俯压。

双人对拉练习：两人面对面、脚对脚坐下，双脚合并后两手紧握，用力相互推拉，过程双膝不可弯曲。

站位台阶练习：双脚平开 10～15 厘米站在上一级台阶上，成立位体前屈姿势，振动下压，用手指尖或手掌去触摸下一级台阶的台面。

助力拉伸练习：坐位练习姿势，双脚并拢固定抵墙，双手抓握前方固定物体，身体向前振压。

每个动作四个八拍×3 组，注意呼吸配合，上体起时吸气，推时呼气。每组练习结束时，保持最大的拉伸幅度静止 10 秒钟，坐位体前屈是测试学生在静止状态下，躯干、腰、髋等关节的韧带和肌肉伸展性，所以要长期坚持练习，才能逐渐提高。

4.1 分钟仰卧起坐（女）

（1）测试目的

测试女生腹肌耐力。

（2）测试器材

仰卧起坐测试仪。

(3) 测试方法

受试者全身仰卧于测试仪器或垫上，两腿略分开，屈膝呈90°左右，双手贴靠于耳侧，踝关节放于仪器位置固定下肢；动作应规范至90°角方为有效；受试者坐起时两肘触及或超过双膝为完成一次，仰卧时两肩胛必须触垫。测试时间1分钟，计时停止，测试完毕。

(4) 注意事项

如发现受试者借用肘部撑垫或臀部起落的力量起坐时，该次不计数。测试过程中，观测人员应向受试者报数。受试者双脚必须放于仪器固定位置或垫上。运动过程中一定不要用力把头往上扳，这样会损伤颈椎。

(5) 练习方法

身体仰卧在垫上，用力起坐时，屏住呼吸，在肘关节接触膝盖时呼气，下落吸气。随着时间的推移呼吸的频率在不断地加快。

仰卧卷腹：双腿同仰卧起坐姿势，双臂打开，握拳，放到耳侧，主要发力点在腹部。练习时上体稍微抬离地面，不需要完全坐起来。一组动作完成后保持30°角控制10秒。

仰卧举腿：身体仰卧在瑜伽垫或软垫上，双腿并拢伸直，躯干和背部要紧贴在垫面，双腿向上举起直至两大腿与躯干呈垂直位，再慢慢下落回到起始位置。双脚跟尽量不要触地，保持30°角控制10秒。

控腹：身体仰卧在瑜伽垫或软垫上，双腿并拢伸直上抬至30°~45°，躯干上抬至30°~45°，目视脚尖，两手臂伸直腋下夹紧，两手掌心向下放于两髋侧，控制10~20秒。

可通过练习提高腹肌的力量，每个动作20~30次×3组。

仰卧起坐一

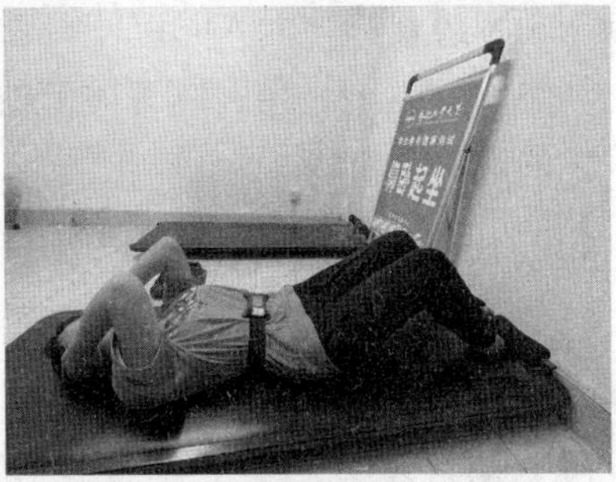

仰卧起坐二

5．引体向上

（1）测试目的

测试男性上肢肌肉量的发展水平。

（2）测试器材

引体向上测试仪。

（3）测试方法

受试者面向单杠，自然站立；跳起正手握杠，双手分开，与肩同宽，身体呈直臂悬垂姿势。待身体停止晃动后，两臂同时用力，向上引体；引体时，身体不得有任何附加动作。当下颌超过横杠上缘时，还原成直臂悬垂姿势，为完成 1 次。测试人员记录受试者完成的次数，以次为单位。使用电子引体向上测试仪时，应将臂带绑在受试者上臂中部，测试完毕后，显示屏显示引体向上的次数。

引体向上一

引体向上二

（4）注意事项

测试前，受试者需做充分的准备活动。受试者向上引体时，两次引体向上的间隔时间超过 10 秒即终止测试。若受试者身高较矮，不能自己跳起握杆时，测试人员可以提供帮助。测试时，应有相应的保护措施，防止伤害事故的发生。

（5）练习方法

利用身体自重结合杠铃杆做划船动作（杆和身体在低位）。

把两个哑铃或者垫高的物体放在单杠的下方，脚踩哑铃或垫高的物体，用力跳起，下降的过程应缓慢。

双手抓住单杠杆，晃动身体，利用惯性并且用力向上拉起身体，下降过程应缓慢。

双手抓住单杠杆悬挂 30 秒，时间逐步增加。

呼吸方法：要与动作协调配合，一般采用上吸下呼的方式。

组间歇 60 秒，动作间歇 90 秒，每个动作 15 次×3 组，练习的组数以及次数因人而异。

6．立定跳远

（1）测试目的

测试学生下肢肌肉力量及身体协调能力的发展水平。

（2）测试器材

立定跳远测距仪或皮尺。

（3）测试方法

受试者两脚自然分开站立，站在起跳线后，脚尖不得踩线。两脚原地同时起跳，不得有垫步或连跳动作。起跳线后缘至最近落地点后缘的垂直距离为立定跳远的成绩。以厘米为单位，不计小数。

（4）注意事项

测试时犯规，此次成绩无效。三次试跳均无成绩者，应允许再跳，直至取得成绩为止。不可以赤足或穿钉鞋、皮鞋、塑料凉鞋参加测试。

（5）练习方法

蛙跳：发展大腿肌肉和髋关节力量。两脚自然开立，屈膝半蹲，上体稍前倾，两臂向体后摆成预备姿势，两腿用力蹬伸，使髋、膝、踝关节充分伸直，同时两臂迅速前摆。带动身体向前上方跳起，落地伸小腿，后脚跟先着地屈膝缓冲，连续进行 10 ~ 15 次，重复 3 ~ 5 组。最好在沙坑内进行，可保护膝关节和踝关节。

收腹跳：发展腿部和腹部的力量以及足弓的弹性。

屈腿收腹跳：两腿自然开立，屈膝半蹲，脚前掌用力起跳，上体保持正直立，用力抬大腿，屈膝收腹，使大腿靠近胸部，两手下伸抱膝，脚前掌落地屈膝缓冲，连续进行 15 ~ 20 次，重复 3 ~ 5 组。

跳台阶：发展腿部力量和膝、踝关节力量。选择坡度大的台阶，也可以选楼梯台阶。两脚自然开立，屈膝，脚前掌用力跳起，可根据台阶距离选择一次跳 2 ~ 4 级台阶，连续跳 15 ~ 20 次，重复 3 ~ 5 组。

纵跳摸高：发展腿部力量和踝关节力量，一般在栏架下或摸墙进行。两腿自然开立，微屈膝，两腿用力蹬伸向上跳起，充分伸展髋、膝、踝关节，用双手或单手摸篮板，落地屈膝缓冲，连续进行 10 次左右，重复 3 ~ 5 组。

立定跳远一

立定跳远二

立定跳远三

7.50 米跑

(1) 测试目的

测试学生的灵敏性和下肢爆发力。

(2) 测试仪器

50 米跑测试仪或秒表。

(3) 测试方法

受试者至少两人一组测试。按照刷卡顺序第一个受试者站立在第一跑道，第二个受试者站立在第二跑道，以此类推，站立起跑。受测试者听到发令音箱发出枪响口令起跑，枪响口令为“各就位，砰!”，受试者躯干部到达终点线的垂直面停表（自动测时），即冲过终点杆自动停表，以秒为单位记录测试成绩，精确到小数点后一位。测试成绩显示在屏幕上，语音提示测试结果。

(4) 注意事项

受测试者测试时，穿运动鞋，不得穿钉鞋、皮鞋、塑料凉鞋。受试者一律不准抢跑，发现有抢跑者，要当即召回重跑。不得串道，即越界进入其他受试者跑道。受试者一定要冲过终点测量杆方能计时，未过终点测量杆不计时。过测量杆后不可回转，迅速离开。

50 米起跑

50米终点

（5）练习方法

高抬腿：大腿抬高至90°水平，提高步频，速度尽量快，30～50次×3组。

小步跑：上体直立，肩臂放松，一腿伸膝蹬地，另一腿屈膝起，脚跟前摆，大腿积极下压，膝关节放松，小腿稍向前下方伸出，脚掌迅速向前下方踏地。练习脚蹬地感觉，10米×6组。

楼梯台阶跑：以高步频跑台阶，距离不要太长，短期加速5次×3组。

原地摆臂：跑步姿势站立，上体前倾，后脚跟微抬起，双手半握拳或掌，快速前后摆动，双臂靠近身体，30～50个×3组。

韧带练习：加强对肩关节、髋关节、膝关节的柔韧度拉伸。

8．耐力跑（女生800米/男生1000米）

（1）测试目的

衡量学生心肺机能的发展水平。

（2）测试仪器

耐力跑测试仪或秒表。

（3）测试方法

受试者分为男生组和女生组，男女生起跑线不在同一地点。每组受试者为1～20人。为受试者发放专用的电子标签，电子标签有1～20的数字标识。

受试者按刷卡顺序领取 1 ~ 20 号电子标签；测试开始时，确认电子标签已经佩戴到手腕上，测试人员检查测试主机标签卡配对和电源情况。

受试者站立在起跑线后，未听到起跑命令前，脚尖不得踩线、越线，不能抢跑。所有受试者都准备好后，测试人员按“确认”键。主机发出起跑命令，发令规则为“各就位，预备!”，受试者开始起跑。受试者到达终点后，应继续向前跑动 10 ~ 15 米，方可停下。所有受试者完成规定的测试后，测试成绩显示在屏幕上，如在规定时间内（8 分钟）仍有未完成的受试者，则测试也自动结束，语音提示测试结果，主机把测试结果传送到计算机，测试完毕。

(4) 注意事项

受试者不得穿跑鞋、跳鞋（即钉鞋），必须穿运动鞋。发现抢跑者，要立即召回重跑。虽然起跑后不分道次，但受试者在全程跑步中，不准跑出左侧跑道线，更不能推、拉、阻挡他人跑进。到达终点后，应继续向前跑动 10 ~ 15 米以避免冲撞。

(5) 练习方法

距离练习要求每天跑 2 ~ 3 倍的距离，800 米练习每天要跑 1500 米以上，1000 米练习要跑 2000 米以上。

正确的摆臂：双手自然握拳，以肩关节为轴，前后自然摆动，肘关节保持在 90°左右。

正确的姿态：身体稍前倾，以身体重量带动大腿摆动，练习时要注重跑步姿势。

正确的呼吸：采用三步一呼和三步一吸的呼吸方法，用口、鼻呼吸，当感到特别疲劳，呼吸加快的时候，尽可能用嘴巴呼气，排出二氧化碳，才能吸入氧气，同时加大摆臂力度。控制呼吸与摆臂和步伐的协调配合。

加速：直道超越，最后 200 米加速冲刺。

提高中长跑的成绩，需要长期坚持，心肺功能才能逐步提高。

二、测试指标及考核标准

1. 单项指标与权重

高校中的单项指标及权重标准如下：

单项指标及权重

单项指标	权重（%）
体重指数（BMI）	15
肺活量	15
50 米跑	20
坐位体前屈	10
立定跳远	10
引体向上（男）/1 分钟仰卧起坐（女）	10
1000 米跑（男）/800 米跑（女）	20

注：体重指数（BMI）= 体重（千克）/身高^2（米^2）。

本标准的学年总分由标准分与附加分之和构成，满分为 120 分。标准分由各单项指标得分与权重乘积之和组成，满分为 100 分。附加分根据实测成绩确定，即对成绩超过 100 分的加分指标进行加分，满分为 20 分；大学的加分指标为男生引体向上和 1000 米跑，女生 1 分钟仰卧起坐和 800 米跑，各指标加分幅度均为 10 分。

2．评分表

（1）单项指标评分表

体重指数（BMI）单项评分表　　（单位：千克/m^2）

等级	单项得分	男	女
正常	100	17.9～23.9	17.2～23.9
低体重	80	≤17.8	≤17.1
超重		24.0～27.9	24.0～27.9
肥胖	60	≥28.0	≥28.0

男生单项评分表

单项		肺活量（ml）		50 米（秒）		坐位体前屈（次）		立定跳远（厘米）		引体向上（次）		1000 米（分·秒）	
等级	得分	大一大二	大三大四	大一大二	大三大四	大一大二	大三大四	大一大二	大三大四	大一大二	大三大四	大一大二	大三大四
优秀	100	5040	5140	6.7	6.6	24.9	25.1	273	275	19	20	3′17″	3′15″
	95	4920	5020	6.8	6.7	23.1	23.3	268	270	18	19	3′22″	3′20″
	90	4800	4900	6.9	6.8	21.3	21.5	263	265	17	18	3′27″	3′25″
良好	85	4550	4650	7.0	6.9	19.5	19.9	256	258	16	17	3′34″	3′32″
	80	4300	4400	7.1	7.0	17.7	18.2	248	250	15	16	3′42″	3′40″
及格	78	4180	4280	7.3	7.2	16.3	16.8	244	246			3′47″	3′45″
	76	4060	4160	7.5	7.4	14.9	15.4	240	242	14	15	3′52″	3′50″
	74	3940	4040	7.7	7.6	13.5	14.0	236	238			3′57″	3′55″
	72	3820	3920	7.9	7.8	12.1	12.6	232	234	13	14	4′02″	4′00″
	70	3700	3800	8.1	8.0	10.7	11.2	228	230			4′07″	4′05″
	68	3580	3680	8.3	8.2	9.3	9.8	224	226	12	13	4′12″	4′10″
	66	3460	3560	8.5	8.4	7.9	8.4	220	222			4′17″	4′15″
	64	3340	3440	8.7	8.6	6.5	7.0	216	218	11	12	4′22″	4′20″
	62	3220	3320	8.9	8.8	5.1	5.6	212	214			4′27″	4′25″
	60	3100	3200	9.1	9.0	3.7	4.2	208	210	10	11	4′32″	4′30″
不及格	50	2940	3030	9.3	9.2	2.7	3.2	203	205	9	10	4′52″	4′50″
	40	2780	2860	9.5	9.4	1.7	2.2	198	200	8	9	5′12″	5′10″
	30	2620	2690	9.7	9.6	0.7	1.2	193	195	7	8	5′32″	5′30″
	20	2460	2520	9.9	9.8	−0.3	0.2	188	190	6	7	5′52″	5′50″
	10	2300	2350	10.1	10.0	−1.3	−0.8	183	185	5	6	6′12″	6′10″

女生单项评分表

单项		肺活量（ml）		50 米（秒）		坐位体前屈（次）		立定跳远（厘米）		仰卧起坐（次）		800 米（分·秒）	
等级	得分	大一大二	大三大四	大一大二	大三大四	大一大二	大三大四	大一大二	大三大四	大一大二	大三大四	大一大二	大三大四
优秀	100	3400	3450	7.5	7.4	25.8	26.3	207	208	56	57	3′18″	3′16″
	95	3350	3400	7.6	7.5	24.0	24.4	201	202	54	55	3′24″	3′22″
	90	3300	3350	7.7	7.6	22.2	22.4	195	196	52	53	3′30″	3′28″
良好	85	3150	3200	8.0	7.9	20.6	21.0	188	189	49	50	3′37″	3′35″
	80	3000	3050	8.3	8.2	19.0	19.5	181	182	46	47	3′44″	3′42″
及格	78	2900	2950	8.5	8.4	17.7	18.2	178	179	44	45	3′49″	3′47″
	76	2800	2850	8.7	8.6	16.4	16.9	175	176	42	43	3′54″	3′52″
	74	2700	2750	8.9	8.8	15.1	15.6	172	173	40	41	3′59″	3′57″
	72	2600	2650	9.1	9.0	13.8	14.3	169	170	38	39	4′04″	4′02″
	70	2500	2550	9.3	9.2	12.5	13.0	166	167	36	37	4′09″	4′07″
	68	2400	2450	9.5	9.4	11.2	11.7	163	164	34	35	4′14″	4′12″
	66	2300	2350	9.7	9.6	9.9	10.4	160	161	32	33	4′19″	4′17″
	64	2200	2250	9.9	9.8	8.6	9.1	157	158	30	31	4′24″	4′22″
	62	2100	2150	10.1	10.0	7.3	7.8	154	155	28	29	4′29″	4′27″
	60	2000	2050	10.3	10.2	6.0	6.5	151	152	26	27	4′34″	4′32″
不及格	50	1960	2010	10.5	10.4	5.2	5.7	146	147	24	25	4′44″	4′42″
	40	1920	1970	10.7	10.6	4.4	4.9	141	142	22	23	4′54″	4′52″
	30	1880	1930	10.9	10.8	3.6	4.1	136	137	20	21	5′04″	5′02″
	20	1840	1890	11.1	11.0	2.8	3.3	131	132	18	19	5′14″	5′12″
	10	1800	1850	11.3	11.2	2.0	2.5	126	127	16	17	5′24″	5′22″

（2）加分指标评分表

男生引体向上、女生仰卧起坐评分表　　（单位：次）

加分	男　生		女　生	
	大一、大二	大三、大四	大一、大二	大三、大四
10	10	10	13	13
9	9	9	12	12
8	8	8	11	11

（续表）

加分	男生		女生	
	大一、大二	大三、大四	大一、大二	大三、大四
7	7	7	10	10
6	6	6	9	9
5	5	5	8	8
4	4	4	7	7
3	3	3	6	6
2	2	2	4	4
1	1	1	2	2

男生 1000 米跑、女生 800 米评分表　　（单位：分·秒）

加分	男生		女生	
	大一、大二	大三、大四	大一、大二	大三、大四
10	−35″	−35″	−50″	−50″
9	−32″	−32″	−45″	−45″
8	−29″	−29″	−40″	−40″
7	−26″	−26″	−35″	−35″
6	−23″	−23″	−30″	−30″
5	−20″	−20″	−25″	−25″
4	−16″	−16″	−20″	−20″
3	−12″	−12″	−15″	−15″
2	−8″	−8″	−10″	−10″
1	−4″	−4″	−5″	−5″

注：1000 米跑、800 米跑均为低优指标，学生成绩低于单项评分 100 分后，以减少的秒数所对应的分数进行加分。

附表：

1. 《国家学生体质健康标准》登记卡（大学样表）
2. 免予执行《国家学生体质健康标准》申请表（样表）

《国家学生体质健康标准》登记卡(大学样表)

学　　校________________

姓　名		性　别		学　号	
院(系)		民　族		出生日期	

单项指标	大一			大二			大三			大四			毕业成绩	
	成绩	得分	等级	成绩	得分	等级	成绩	得分	等级	成绩	得分	等级	得分	等级
体重指数(BMI)(千克/米^2)														
肺活量(毫升)														
50 米跑(秒)														
坐位体前屈(厘米)														
立定跳远(厘米)														
引体向上(男)/ 1 分钟仰卧起坐(女)(次)														
1000 米跑(男)/ 800 米跑(女)(分·秒)														
标准分														
加分指标	成绩	附加分		成绩	附加分		成绩	附加分		成绩	附加分			
引体向上(男)/ 1 分钟仰卧起坐(女)(次)														
1000 米跑(男)/ 800 米跑(女)(分·秒)														
学年总分														
等级评定														
体育教师签字														
辅导员签字														

注:高等职业学校、高等专科学校参照本样表执行。

学校签章:　　　　　　　　年　　月　　日

免予执行《国家学生体质健康标准》申请表（样表）

姓　名		院（系）	
学　号		班　级	
性　别		出生日期	
民　族		联系电话	
申　请 免　测 项　目 原　因	申请人： 年　月　日		
学　院 意　见	签章： 年　月　日		
医　院 证　明	签章： 年　月　日		
体育部 意　见	签章： 年　月　日		

注：

1. 本表需申请者本人在学校体质健康测试时间提交给现场管理人员，同时参与基本项目测试。

2. 本表由学生体质健康测试中心整理报上级教育主管部门备案。

学生体质健康测试中心

第四节　体测成绩临界点学生的训练与指导

体测成绩临界点学生的训练与指导，是学生体质健康测试成绩所反映出的各种测试指标体现，我们抽取了两种不同的案例，再根据案例反映出的各项成绩指标进行分析，制订相应的训练计划，做到合理科学性地指导学生提高身体素质能力。

案例一：某男学生，本科生，20 岁，各项体质测试成绩如下表：

某男学生体测成绩表

单项	成绩	分值	合格
身高/体重	174. 8cm/50. 3kg	80	低体重
肺活量	2435ml	10	不及格
50 米	8′3″	68	及格
立定跳远	181cm	0	不及格
坐位体前屈	-6cm	0	不及格
1000 米	4′29″	60	及格
引体向上	2 个	0	不及格
合格率		39. 1	不及格

体质评定：体质良好，体脂较少，心肺功能稍差，柔韧性差，四肢力量较弱。

针对案例一同学现状分析，首先要加强营养，保证充足的睡眠时间，将身体调整到健康水平。

一、训练计划的制订

运动目的：增重和健身，加强柔韧性，加强上下肢力量。

运动项目：俯卧撑、深蹲跳、开合跳、跳台阶、悬垂举腿、负重提踵、柔韧。

运动强度：由小逐渐加大，心率保持在140～170次即可。

运动时间：每次30～60分钟。

运动频度：4～5次/周。

运动计划：中等速度的跑步2000米约10分钟，预计强度50%～60%，每周2～3次。俯卧撑每次20个×5组；深蹲跳每次20个×5组；开合跳每次30个×5组；负重提踵15～20次×5组，主要练习小腿三头肌（注：小腿腓肠肌和比目鱼肌的总称，主要是为人体行走跑跳提供推进力）。每组间隔10～20秒。

注意事项：运动前要做好热身活动，运动结束后要牵拉放松。

二、提高测试指标的训练和指导方法

坐位体前屈主要是测试膝关节、髋关节、肩关节等柔韧度，坐位体前屈练习可以提高身体各关节的拉伸，加强关节活动的灵敏性，扩大活动范围。我们可以通过辅助器材针对性地练习。

方法一：压膝盖，两人一组，一人垫高脚底，另一人背向坐压膝盖，双手抓住对方脚尖使其勾紧。注意力量的把控。

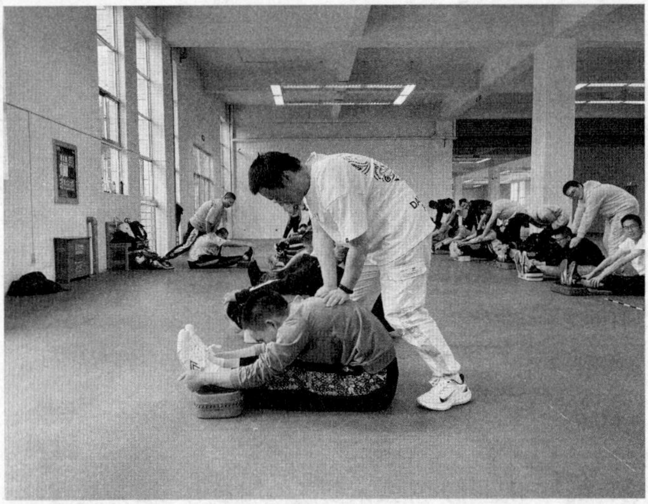

压膝练习

方法二：拉伸上体，向前压，胸部向膝关节靠拢。

拉伸上体

方法三：立体前屈。

立体前屈

案例二：某女学生，本科生，20岁，各项体质测试成绩如下表：

某女学生体测成绩表

单项	测试成绩	分值	合格
身高/体重	153.2cm/56.7kg	80	超重
肺活量	2834ml	74	及格
50米	14′7″	0	不及格
立定跳远	137cm	30	不及格
坐位体前屈	18.7cm	78	及格
800米	5′31″	0	不及格
仰卧起坐	19个	20	不及格
合格率		35.9	不及格

针对该同学情况，要加强其腰腹、手臂、腿部、踝关节等全面的身体素质能力的培养。

体质评定：健康状况，良；体重超重，腰腹力量较弱，速度力量较差。

运动目的：减体重和健身，加强腰腹和腿部力量。

运动项目：健身跑、中长跑、平板支撑、跑台阶、卷腹、开合跳、跳绳等有氧运动。

运动强度：由低逐渐变高，心率在140～170次即可。

运动计划：原地摆臂，小哑铃、拉皮条等辅助器械练习加强摆臂速度；小步跑、高抬腿、后屈腿跑、跑台阶等练习提高腿部速度力量；提踵、踮脚走、跳绳等练习提高踝关节力量。

对于腹肌力量较弱的学生，可通过辅助器材或外力来提高腹肌的力量。如两人组可借助同伴手臂力量（也可使用拉绳）上起，每个动作10～20次×3组，逐步递增数量。

运动时间：12周（减少体重3～5kg），每次30～60min；运动频度：4～5次/周。

注意事项：适当控制饮食，以有氧运动为主，加强训练的持续性。

第七章 课外体育活动处方的制定

第一节 综合类课外体育活动计划与开展

案例一（运动能力强的学生）

姓名：A 同学

性别：男

年龄：19 岁

职业：学生

体育爱好：篮球、足球

健康检查：良好

病史：无

运动能力：强

体能测定：力量：引体向上 15 个；耐力（1000 米）：3 分 41 秒

运动目的：健身和增肌

运动项目：篮球、跑步

运动强度：由小逐渐加大

运动时间：16 周，每次 60 ~ 90 分

运动频率：4 ~ 5 次/周

案例二（运动能力中等的学生）

姓名：B 同学

性别：女

年龄：20 岁

职业：学生

体育爱好：乒乓球、羽毛球

健康检查：良好

病史：无

运动能力：中等

体能测定：力量：仰卧起坐20个/分；耐力（800米）：4分8秒
运动目的：健身和塑型
运动项目：羽毛球、跑步
运动强度：由小逐渐加大
运动时间：12周，每次30~60分
运动频率：3~4次/周

案例三（运动能力较弱的学生）

姓名：C同学
性别：男
年龄：22岁
职业：学生
体育爱好：无
健康检查：良好
病史：无
运动能力：弱
体能测定：力量：引体向上3个；耐力（1000米）：4分41秒
运动目的：减脂
运动项目：跑步
运动强度：小强度
运动时间：6周，每次20~30分
运动频率：1~2次/周

案例四（保健班的学生）

姓名：D同学
性别：男
年龄：20岁
职业：学生
体育爱好：无
健康检查：良好
病史：无

运动能力：保健班

体能测定：力量：引体向上1个；耐力（1000米）：无

运动目的：健康

运动项目：健步走

运动强度：小

运动时间：6周，每次15~20分

运动频率：1~2次/周

附件　课外体育活动计划书

一、指导思想

新时代党的教育方针把培养“德智体美劳”全面发展的社会主义建设者和接班人作为教育的根本任务，“体育育人”是其中一个重要维度。第二课堂体育健康活动对大学生身体机能、心理健康、人格品质三个方面的良性发展都具有重要意义。

二、目的

提高身体机能，塑造健康体魄。

舒缓心理压力，促进身心和谐。

内化人格品质，砥砺奋斗精神。

三、开展原则

要自觉愉快、积极锻炼。

适量适度、循序渐进。

因人而异、区别对待。

持之以恒、坚持不懈。

注意安全、全面发展。

避免过度疲劳。

四、制订锻炼计划

锻炼计划的划分。从时间上可以划分为长期计划和短期计划；从目标上可以划分为提高个体自身的身体素质（包括减脂、增肌、塑形等内容）的计划和提高个体运动技术、技能水平（包括大学生运动员平时训练、赛前训练等）的计划。

设置锻炼时间。长期计划一般以学期为单位，制订学期锻炼计划；短期计划一般以周为单位，制订一周的锻炼计划。

设置锻炼的目标，如减脂、增肌、塑形、提高运动技术水平。

根据不同的锻炼目标设置运动项目，这是一个整体的过程。通常，学生是先减脂，再增肌，最后塑形。需要通过一个整体的计划去实现每个阶段的计划目标。

锻炼计划的制订。

学期锻炼计划书

体育爱好：田径类、球类、舞蹈类、健身、武术等。

运动目的：先减脂，再增肌，塑形。

运动周期：一学期18周。

运动项目：中低等配速跑步；篮球（足球），羽毛球（乒乓球）；俯卧撑（或者其他上肢、胸部训练手段）；平板支撑（或其他腰腹训练手段）；深蹲（或其他下肢训练手段）；引体向上（或其他背部训练手段）；开合跳（或其他塑形手段）；有氧操（或其他操类）。

运动计划：前八周以减脂为主、增肌为辅。

适合项目：中低强度的有氧练习。

（1）1～8周锻炼计划

① 超过40分钟中低强度的有氧配速跑，预计强度50%～60%，每周3次。

② 球类运动每周运动时间1～2小时。

③ 俯卧撑5～10个，4～6组，每天进行。

④ 平板支撑每天2次，每次1分钟。

⑤ 徒手深蹲，不跑步的时间做此项锻炼，做5～8组，每组12～15个。

⑥ 引体向上，没有球类运动的时候做，一次做到力竭，4～6组。

（2）9～13周锻炼计划

① 超过30分钟的中等配速跑，约为5千米，预计强度60%～70%，每周1次。

② 俯卧撑（或者其他上肢、胸部训练手段），每天2次，一次6~8组，每组8~10个。

③ 平板支撑（或其他腰腹训练手段）每天4组，每次2分。

④ 深蹲（或其他下肢训练手段）一周2次，一次4~6组，每组6~8个，最大强度的60%~80%。

⑤ 引体向上（或其他背部训练手段）一周2次，每次4~6组，每组做到力竭，恢复后继续练习。

⑥ 球类运动，每周高强度运动1~2次。

（3）14~18周锻炼计划

① 超过20分钟的中等配速跑，预计40%~50%的强度，每周1次。

② 俯卧撑（或者其他上肢、胸部训练手段），每周2次，每次4~6组，每组6~8个。

③ 平板支撑（或其他腰腹训练手段）一周2次，每次2分钟。

④ 引体向上（或其他背部训练手段）一周1次，每次2~4组，每组力竭。

⑤ 开合跳（或其他塑形手段），每天6~8组，每组30~40个。

⑥ 有氧操每天进行，每次超过30分钟。

第二节　运动单项课外体育活动计划与开展

近年来，普通大学生的基础耐力素质呈下降趋势。由于中学阶段体育要求及体育运动习惯培养等多方面的原因，造成大学生体育锻炼合格标准测试中男生1000米跑、女生800米跑已经成为达标的难点。

一、基础耐力素质提升计划

运动目的：增强耐力素质。

运动项目：快走、慢跑、定时跑、定距离跑、变速跑练习。

运动计划：根据自身特点进行锻炼，当想对某个专门的素质进行锻炼时我们就制订专门性的运动计划。

运动周期：一学期18周。

（1）1—8周锻炼计划

① 10分钟热身运动，快走、慢跑或拉伸。

② 运动时间：25～30分；运动强度：快走、慢跑，心率120～150次/分；运动量：3000米左右；周练习密度：4次/周。

③ 10分钟拉伸放松。

（2）9—13周锻炼计划

① 10分钟热身运动，内容：慢跑和拉伸。

② 运动时间：25～30分钟；运动强度：慢跑、中速跑，心率120～160次/分；运动量：3000～5000米；周练习密度：4次/周。

③ 方法：30分钟跑或1200～2000米间歇跑2～3组。

④ 10分钟拉伸放松。

（3）14—18周锻炼计划

① 10分热身运动，内容：慢跑和拉伸。

② 运动时间：30～40分钟。

③ 运动强度：慢跑、中速跑、中高速跑，心率120～180次/分。

④ 运动量：3000～6000米；周练习密度：4次/周。

⑤ 方法：30 分钟跑或 1200 ~ 2400 米间歇跑 2 ~ 3 组。

⑥ 10 分钟拉伸放松。

注意事项：

身体锻炼过程分为准备部分、基本部分、结束部分三个内容。其中，准备部分以慢跑热身、拉伸练习为主；基本部分以本次练习的主要锻炼项目内容为主；结束部分以放松、拉伸肌肉练习为主。

自我监控是完成身体锻炼，达到练习目标的主要途径。实时监控自身状态，随时调整训练计划。调整饮食，少油少盐，适量减少碳水的摄入，增加高蛋白食物的摄入，多吃水果蔬菜等。

第八章

体育礼仪和体育欣赏

第一节　体育礼仪

中国素有“礼仪之邦”的称号。孔子、孟子、管仲等古人都对“礼”做过重要的阐述，没有“礼”就没有国家文明的发展。体育礼仪是人们在体育活动过程和体育交往过程中表现出来的约定俗成的行为方式和行为规范，它所渗透的精神层面的要求，既是中国传统文化的体现，也是体育文化及国家文化的重要体现，更是国家物质文明、精神文明和社会进步的重要标志。体育礼仪包括表现在体育活动中的服饰礼仪、竞赛物质标识等物质层面的礼仪规范和言行举止、行为规范、赛场秩序、制度章程等精神层面的礼仪规范。从党的十六大到党的十九大，国家领导人都强调重视文化建设，党的十九大报告提出要坚定文化自信，推进社会主义文化的繁荣发展。

一、体育礼仪的概念

体育礼仪是体育文化的重要组成部分，是运动员、教练、裁判、工作人员和观众等相关人员在体育活动中遵循的行为规范和准则，包括不同项目以及赛前、赛中、赛后的礼仪常识，涵盖服饰着装、见面介绍、通讯与馈赠、涉外交流、比赛仪式和体育标识等基本知识，贯穿于体育运动的全过程。对外，体育礼仪主要表现为仪表的规范、服饰的庄重、举止的文明和言语的谦逊；对内，其主要表现为道德修养和文化素养。体育礼仪不仅包含体育的育人价值，也包含礼仪的文化价值。

二、体育礼仪的表现形式

1．体育礼仪在教学活动中的表现形式

学校体育教学活动，也是各种体育技术、技能传授和学生之间相互切磋的过程，是师生之间、生生之间礼仪交往的表现。体育教学活动中，教师的课堂常规就是体育礼仪的渗透。

课堂上要求学生遵守课堂秩序、尊重教师、尊重同伴、爱护体育器材设施、维护场地的卫生清洁等，这些是文明礼仪的表现。

技术讲解时，体育术语的应用、语言的表达、说话的语气语调、表情、手势及动作的示范等都会对学生产生一定的影响。在教学过程中，体态、图表视图、专业术语的应用以及非语言因素，如点头、眼神的应用、表情的使用、语速语调的应用等，通过对这些行为符号的合理应用，让师生交往更规范、更有礼节。

运动礼仪在体育教学中，既是传习，又是教学，一举两得。运动传习主要有师生互敬、赛前赛后的礼节等。运动礼仪的教学，能够让学生养成良好运动礼仪习惯，同时也能在无形之中影响学生的社会生活和举止行为。例如，讲解示范时应用文明言语，动作示范时姿势标准优美是尊重学生的表现；学生的反应、表现、行为动作等也会形成反馈。

让学生了解所学动作的形象、结构要领、方法，示范准确，动作舒展大方，体态优美，语言讲解、口令和指示、口头评定成绩以及问答法、默念、暗示等都要恰当，示范时还要注意纠正错误动作和易犯错误的方法，示范目标要明确。

在课堂教学中，老师和学生都要注意自己的谈吐、行为、举止、气质、风度、仪表、仪态等体育礼仪。

2．体育礼仪在社会体育活动中的表现

随着互联网信息技术的发展和智能手机的盛行，人与人之间的正面交往逐渐减少，并且随着社会的发展，人们的人际关系变得紧张，而体育作为一种独特的社会实践活动，对人们消除身心疲惫、缓解生活压力具有独特的作用。体育运动作为一种社会实践活动，具有丰富的感情色彩。在体育活动中，人们通过礼仪规范让各个成员对整个团队有较强的集体观念，感受到成员的责任感，通过锻炼结交更多的朋友，共同体验运动带来的愉悦感，更好地促进人际交往及社会关系的和谐稳定。

在居民区或社区，晨练者或者傍晚、晚上活动者居多，有的通过一人组织多人参与的方式，自行组织成小的社团，进行各种体育锻炼活动，体育礼仪主要体现在社团的规章制度以及成员之间的言语交流、动作示范等，活动者之间相互鼓励、相互约束等。

3．体育礼仪在竞技体育比赛中的表现

体育能够成为人们和平友好交流的平台，体育礼仪伴随着体育而生，代表着国家的文明程度。体育礼仪在国与国的交流之中有着不可代替的作用，能够增进国家之间的感情。例如，备受世人瞩目的奥运会，是各个国家都非常重视的大型体育竞技活动，而其中的参赛者、观众、裁判等相关人员都具备较高的体育礼仪素养，在无形之中展现了国家的形象与风貌。体育比赛以体育规则约束和指导行为，参与者（包括运动员、教练员、裁判员、官员、观众、志愿者等）必须遵守体育礼仪，规范自身体育交往行为。

体育礼仪在竞技体育比赛中直观地表现为以下几个方面：

其一，仪式规范。奥运会、亚运会等大型比赛中都会有该届比赛所特有的奥运火炬、吉祥物、会徽等物质标志以及运动中庄重的开幕式、闭幕式、颁奖仪式等仪式规范，这些都是竞技运动所特有的体育礼仪。

其二，语言。语言是交谈的工具，竞技运动中语言的应用，是沟通思想与感情的基本手段，参与各种体育赛事，无一能离开语言。语言措辞、语音、语调、语速、语气等都会影响赛事人际关系。竞技比赛中相互之间表达的语言、活动的比赛氛围、观众的掌声等都传递出一种友谊，各国人民在比赛中都以特定的规则和礼仪传递平等与友善。

2008 年北京奥运会会徽（百度图片）

2022 年北京冬奥会会徽和吉祥物（百度图片）

其三，服饰礼仪。运动员比赛的着装也是一种服饰礼仪，是国家的象征，代表着各国的文化与内涵，体现着民族的审美。同时每个项目比赛的着装也不同，如中华传统武术服装、太极拳服装、跆拳道服装、球类运动的服装、游泳跳水的服装等不同，也体现了每个运动项目特有的服饰礼仪。

其四，竞赛礼仪。每个运动项目的规则不同，针对各个项目的比赛，都有特定的竞赛规程，要求裁判员、运动员、观众遵守这些规则。运动员的行为举止、裁判员对规则的判罚、每个手势语动作等都是体育礼仪的表现，运动员要树立公众意识，为观众树立榜样；教练员和裁判员要严格规范自己的行为，在训练和比赛中树立威信。正是这些竞赛礼仪的约束，才让比赛得以顺利开展。姚明、郎平、李娜、朱婷等体育明星是很多国人崇拜的精神偶像，他们的一言一行所表现出的体育礼仪也是展示国家形象的一张名片。

体操运动员李宁

（百度图片）

篮球运动员姚明

（百度图片）

田径飞人刘翔

（百度图片）

排球运动员朱婷

（百度图片）

网球运动员李娜
（百度图片）

游泳运动员傅园慧
（百度图片）

东京奥运会田径男子4×100米接力运动员：
苏炳添、谢震业、吴智强、汤星强（百度图片）

三、体育礼仪的教育作用与意义

体育活动作为一种精神文化活动，广受大众喜爱。它作为一种特有的社会实践活动，通过身体姿势、体育术语、名称、器材工具等达到人与人交流互动的目的，在特定的体育活动情境和体育礼仪的约束规范下实现人际交往，无论是学校体育活动还是社会体育活动、竞技体育活动都成为社会人际交往的媒介。体育礼仪是一种行为规范，主要表现在体育交往中，譬如尊重他人、团结合作等。体育礼仪对塑造自身、集体和国家形象，维持社会秩序，改善社会人际关系、定位社会角色、规范行为意识、促进社会和谐稳定以及践行社会主义核心价值观等具有重要的意义。学习体育礼仪，是为了使学生在体育工作交往中表现出规范的礼仪行为，能够使学生认识到礼仪的重要性，提高他们的礼仪素质。

排球赛开场礼仪
（百度图片）

篮球赛开场礼仪
（百度图片）

足球赛开场礼仪
（百度图片）

武术抱拳礼
（百度图片）

1．培养大学生的体育合作精神

体育教育是每个阶段的学校教育中必不可少的组成部分。体育教育能够锻炼学生的体魄，磨炼学生的意志，增强学生的身体素质，使学生拥有健康的身体与心灵。团队意识与合作精神是一个优秀的人才所应该具备的精神，体育教学活动大多都需要团结合作，在体育教学过程中添加礼仪教育，有利于培养学生的体育合作精神。在运动活动中，可以模拟练习，例如双方在进行运动时发生了冲突，如何利用体育礼仪来化解矛盾，从而让双方能够互相谅解、互相包容。可以说，合作精神是体育礼仪中重要的内容，也是体育精神的重要内容。

2．培养大学生的积极进取精神和礼让精神

体育活动是最能激发人们积极进取精神的活动。在比赛中，大家释放热血，争夺第一，此时培养的是积极进取的体育精神。同时，体育活动也是身体接触最多的活动，磕磕碰碰在所难免，而礼让精神在此时就显得尤为重要。先进取后礼让，面对比赛，要积极面对、勇于挑战，但同时，也要有礼让精神，不能把名次看成唯一，否则就失去了真正的体育精神。礼仪教学是为了更好地发挥体育精神。一场真实鲜活的切身体验，好过无数次口头讲述。运用生活实例，让学生领悟到礼仪教育的重要性，学会以礼待人、以德服人，既使学生学习了积极进取的态度，又懂得了礼让的意义。在体育活动中，体育礼仪能够获得对方的尊敬，使得双方的感情变得和谐，形成和睦关系。

排球赛中的团结拼搏

（百度图片）

3．提升社会参与度

学校是精神文明建设的主要场所。在体育课程中融入体育礼仪教育，能够让大学生在社会中发现所学即所用，将学到的体育礼仪运用到社会实践当中，能够让别人对其刮目相看，同时也能感受到他人和社会的温暖。大学生难免会到一些公共场所，而体育礼仪的学习能够让他们在这些场所中应对自如，提前与社会接触，更早地了解社会，并认识社会、服务社会，增强社会责任感。同时也能不断完善自身，让自己受到道德素养的熏陶，提升内在涵养。

第二节　体育欣赏

一、体育欣赏能力的概念及其内涵

体育是人类发展演变过程中所创造出来的宝贵文化财富，是现代社会发展的重要组成部分。欣赏即享受美好的事物，领略其中的趣味。随着现代物质文明和精神文明的不断发展，参加体育健身娱乐活动，观看和欣赏体育比赛、体育表演，已经成为人们休闲生活中不可或缺的部分。体育欣赏是将体育与欣赏结合起来，是通过观看或感受体育运动竞赛、体育影视乃至体育音乐等相关体育艺术作品，从中领略体育运动的趣味、感受体育运动的精神、体验“体育运动美”的一种感知活动，包括有关体育运动的基础知识、基本技能和审美能力以及体育文化艺术素养等方面的内容，是集思想性、知识性和趣味性为一体的综合教育活动。从心理机制看，体育欣赏是一种心理过程，是以具体的体育作品为对象，以欣赏者视觉系统和听觉系统为主要手段，感知体育运动中美的因素，从而使欣赏者心情愉悦，获得心理上满足的过程。一般分为三个阶段：感性认识阶段、理性认识阶段、参与体育活动阶段。

每个体育项目都有各自的不同特性，在欣赏体育比赛的过程中，可以感受到运动员们精湛的技术、高昂的斗志、静态的身体美以及团队的协作、战术执行的有效、胜利的狂喜、失败的苦涩等，带给欣赏者精神快乐和对美好生活的向往，对体育也会有更深的认识和收获。本节从不同角度、不同方式加深大学生对体育的深刻认识，感受体育文化带来的冲击，培养学生的体育审美情趣，从中领略到体育运动的魅力，使欣赏体育运动成为学生的精神享受。

二、欣赏主体应具备体育欣赏的条件

1. 具备必要的审美修养

修养就是一种品位，是在长期生活中逐渐形成鉴赏美的一种能力，包括认识美、评价美、享受美、表达美等内容，体育审美修养当然包括基本的体育知识，一定的运动体验和综合性的体育文化素养等诸多内容。在对体育活动进行观看时，人们关注的不仅仅是比赛的得分、运动员的动作和身形，而是对体育活动进行了精神上的升华，在欣赏体育活动中感受到体育的魅力。审美修养和的审美心境能够提高学生欣赏体育的兴趣，作为新时代的大学生，要树立正确的审美观，努力让自己发展为身体健康、心理健康、社会适应能力强，拥有健全人格和具有创新能力的社会主义新型人才。

2．树立正确的体育观

正确的体育观即对体育正确的认识。体育就是要激发运动的兴趣，健全人格，培养学生终身体育的意识，以健康为目标的身体活动。体育欣赏要以正确的体育观为指导，以奥林匹克精神为准则，分清美与丑，要有规则意识，自行抵制赛场内外的不正之风。欣赏者要把欣赏的重点放在体育比赛及表演中运动员积极向上、健康乐观、公平公正、顽强拼搏的体育精神，享受精彩的体育比赛带给自己愉悦的身心体验。

3．掌握一定的体育知识

体育欣赏持久的兴趣是建立在了解体育、关注体育、具备一定体育知识的基础上。只有对体育有兴趣，才能去不间断地欣赏体育比赛，才能了解体育、掌握体育知识，从而促进体育知识的增长；只有学生对体育产生持久的兴趣，才能喜欢、关注和欣赏体育竞赛；欣赏体育比赛可以进一步培养学生更高层次的兴趣，从而形成良性循环。体育欣赏虽然可以学习和了解体育知识，但缺乏必要体育知识的体育欣赏只能停留在肤浅层面，难以引起深层次的情感共鸣，欣赏的兴趣不会持久。因此，要培养持续的体育欣赏能力，就有必要让欣赏者学习体育基础知识。大学生可通过大学体育课程学习、体育社团活动以及各种讲座等，了解并掌握体育科学文化知识，体育运动项目发展的背景、现状、趋势；了解基本的竞赛规则和欣赏比赛应关注的点；了解不同的项目锻炼对人健康发展的作用；了解各种项目中涌现出来的体育明星，并知道体育明星努力拼搏的过程以及取得的成就。大学生只有掌握了基本体育知识，体育欣赏水平才能提高，建立起来的欣赏兴趣才能持久，进而关注体育、欣赏体育，最终发展为体育爱好者，为终身体育锻炼打好基础。

三、大学生体育欣赏的途径和方法

1．丰富感知，强化大学生体育综合素质，提高体育文化素养

大学生通过对各种体育运动的欣赏，通过文字呈现、直接感知与理解以及解说员和嘉宾对体育运动的讲解，可以直接拓展自己体育方面的知识，开阔视野，加深印象。大学生可通过感知、表象、想象等心理过程，间接地改进自身有限的运动技术，进而更好地进行体育锻炼，增进健康。

2．激发大学生学习体育的兴趣，培养学生终身体育意识

兴趣可以使人集中注意力，产生愉快紧张的心理状态，对人的认识和活动会产生积极的影响，有利于提高工作的质量和效果。大学生对体育的兴趣可以引导大学生主动进行体育锻炼。运动员的运动美、身体美、技术美以及体育明星效应，都可刺激大学生对体育的关注和热爱，使学生通过视觉得到感官上的愉悦，获得精神上的满足和乐趣，进而产生尝试和锻炼的冲动，使学生形成“兴趣一尝试一锻炼一技术提高一强烈兴趣一终身体育”的良性循环，增强大学生体育意识，促进大学生健康水平的提高。

3．观看体育比赛或录像

观看体育竞赛和表演，享受精彩比赛带来的精神快感，可使自己的情绪处于兴奋之中，缓解各种压力。欣赏体育比赛，可以培养学生的审美情趣和审美修养，学生还能学习运动员顽强拼搏的精神、爱国情怀、坚韧不拔的意志力以及胜不骄、败不馁的气质，并且能够体会运动员活泼开朗、健康向上的阳光品质，对学生的学习生活起到鞭策和鼓励的作用。中国人喜欢看女排比赛，特别是2016年里约奥运会的女排决赛视频，每一个球都扣人心弦，赛场内外观众为中国女排加油、尖叫、鼓掌。五星红旗飘扬、国歌奏响的胜利时刻，更是举国沸腾，观众和赛场上的女排队员同时喜极而泣，不仅享受到体育带来的快乐，心理上也受到了极大的鼓舞，感受到“祖国至上、顽强拼搏”的女排精神，产生对体育的尊敬和热情。国庆70周年献礼片《我和我的祖国》之《夺冠》，讲述的正是1984年洛杉矶奥运会和2016年里约奥运会的两次女排夺冠时刻，观影者无不热泪盈眶，同时也激发了国人的民族自豪感和爱国情怀。

1981 年中国女排首夺世界冠军（百度图片）

观看篮球比赛时，不论是国际性的赛事还是学校组织的篮球赛，不同的学生会有不同的审美感受，对于审美感受的表达方式也不一样，但共同的是他们都会被精彩的比赛所吸引。一个巧妙的传球、一次精彩的配合，观赛者能够感受到真正的体育精神，为运动员鼓掌、呐喊、起立尖叫，间接参与其中，成为篮球场上“第六人”。成功时不忘初心，失败时继续前行，比赛中运动员所表现出来的互相鼓励、支持、理解、宽容等优秀品质和人格魅力更具有特殊的教育激励价值。

校园篮球赛

足球场上的飞奔（百度图片）

大学生被各种体育活动所吸引，从而对各种体育活动产生兴趣，在尝试中不断发现体育活动的内在美。赛事讲解，也可让学生在欣赏比赛的同时，对该项运动有更深的了解，此外，运动员在比赛中表现出的顽强意志力等都会让学生产生心灵上的震撼，从而让体育欣赏发挥重要的教育作用。

艺术体操（百度图片）

田径 4×100 米接力赛（百度图片）

郭晶晶、吴敏霞三米板跳水

（百度图片）

邓琳琳体操比赛

（百度图片）

参考文献

[1] 梁樑，陈刚，陈鸿海．大学生第二课堂指南［M］．合肥：合肥工业大学出版社，2020.

[2] 柴业宏，邓玉．大学体育［M］．上海：华东师范大学出版社，2018.

[3] 王海燕．健美体操训练与编排研究［M］．延吉：延边大学出版社，2018.

[4] 马鸿韬．健美操创编理论与实践［M］．北京：高等教育出版社，2004.

[5] 朱晓龙，李立群．健美操［M］．杭州：浙江大学出版社，2014.

[6] 杨春艳．塑造健美的形体：大学生健美操［M］．北京：线装书局，2008.

[7] 田振华，相建华．全民科学健身健美指南［M］．北京：北京出版社，1997.

[8] 常生．中国大学生体育锻炼行为研究［M］．北京：人民出版社，2012.

[9] 张华．课程与教学论［M］．上海：上海教育出版社，2001.

[10] 邓玉．大学体育与健康学程［M］．合肥：合肥工业大学出版社，2013.

[11] 张先松. 青少年儿童立体健身处方 [M]. 武汉：中国地质大学出版社，2011.

[12] 全国体育院校教材委员会. 运动训练学 [M]. 北京：人民体育出版社，2008.

[13] 王瑞元. 运动生理学 [M]. 北京：人们体育出版社，2002.

[14] 郭念锋. 心理咨询师基础知识 [M]. 北京：民族出版社，2015.

[15] 陈会昌. 中国学前教育百科全书·心理发展卷 [M]. 沈阳：沈阳出版社，1995.

[16] 陈玉琨. 教育评估的理论与技术 [M]. 广州：广东高等教育出版社，1987.

[17] 刘东辉. 健美 [M]. 合肥：合肥工业大学出版社，2002.

[18] 娄琢玉. 健美世界 [M]. 北京：世界图书出版公司，2001.

[19] 相建华. 最新哑铃健身法 [M]. 北京：人民体育出版社，2001.

[20] 田麦久. 运动训练学 [M]. 北京：人民体育出版社，2000.

[21] 罗少功. 学校课外体育活动理论研究 [D]. 开封：河南大学，2013.

[22] 周登嵩. 体育院校通用教材：学校体育学 [M]. 北京：人民体育出版社，2004.

[23] 周登嵩. 学校体育学 [M]. 北京：人民体育出版社，2004.

[24] 于平，王厚民. 篮球运动 [M]. 合肥：合肥工业大学出版社，2014.

[25] 成守允. 足球 [M]. 合肥：合肥工业大学出版社，2004.

[26] 杨桦. 排球运动教程 [M]. 北京：北京体育大学出版社，2018.

[27] 李征. 排球 [M]. 合肥：合肥工业大学出版社，2004.

[28] 郝光安. 乒乓球技战术训练与提高 [M]. 北京：金盾出版社，2018.

[29] 付宏. 足球基本技术练习方法 [M]. 西安：西安交通大学出版社，2011.

[30] 高濑秀雄. 羽毛球训练图解 [M]. 北京：人民邮电出版社，2018.

图书在版编目(CIP)数据

大学生课外体育活动指南/徐艳主编．—合肥：合肥工业大学出版社，2022.12

ISBN 978-7-5650-5655-0

Ⅰ.①大… Ⅱ.①徐… Ⅲ.①大学生—体育活动—课外活动—指南 Ⅳ.①G807.4-62

中国版本图书馆 CIP 数据核字(2022)第 068952 号

大学生课外体育活动指南

徐　艳　主编　　　　　　　　责任编辑　孙南洋

出　版	合肥工业大学出版社	版　次	2022 年 12 月第 1 版
地　址	合肥市屯溪路 193 号	印　次	2022 年 12 月第 1 次印刷
邮　编	230009	开　本	710 毫米×1010 毫米　1/16
电　话	人文社科出版中心:0551-62903200	印　张	16.75
	营销与储运管理中心:0551-62903198	字　数	265 千字
网　址	www.hfutpress.com.cn	印　刷	安徽昶颉包装印务有限责任公司
E-mail	hfutpress@163.com	发　行	全国新华书店

ISBN 978-7-5650-5655-0　　　　定价：58.00 元

如果有影响阅读的印装质量问题，请与出版社营销与储运管理中心联系调换